Faszination Flugzeuge

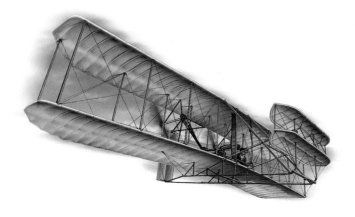

Die Deutsche Bibliothek – CIP-Einheitsaufnahme

Ein Titeldatensatz für diese Publikation ist bei
Der Deutschen Bibliothek erhältlich

1 2 3   04 03 02

Text: Terry Gwynn-Jones
Grafik: Christer Eriksson, Alan Ewart, Greg Gillespie,
Mike Gorman, Terry Hadler, Langdon G. Halls, David Kirshner,
Mike Lamble, Alex Lavroff, Kent Leech, Ulrich Lehmann,
Oliver Rennert, John Richards, Trevor Ruth, Steve Seymour,
Ray Rim, Steve Trevaskis, Ross Watton/Garden Studio,
Rod Westblade

Lizenzausgabe für den Ravensburger Buchverlag
Otto Maier GmbH
© 2002 Ravensburger Buchverlag Otto Maier GmbH

Rechte der Originalausgabe:
Weldon Owen Pty Limited
Titel der Originalausgabe: Flight
© Weldon Owen Pty Limited
© der deutschen Originalausgabe bei
Der Club – RM Buch und Medien Vertrieb GmbH
und der angeschlossenen Buchgemeinschaften

Übersetzung aus dem Englischen und deutsche Bearbeitung:
Hans Peter Thiel/Marcus Würmli
Redaktion: Maike Dreyer
Umschlaggestaltung: vitamin_Be
Printed in Germany
ISBN 3-473-35952-1

www.ravensburger.de

Faszination Flugzeuge

Ravensburger Buchverlag

Inhalt

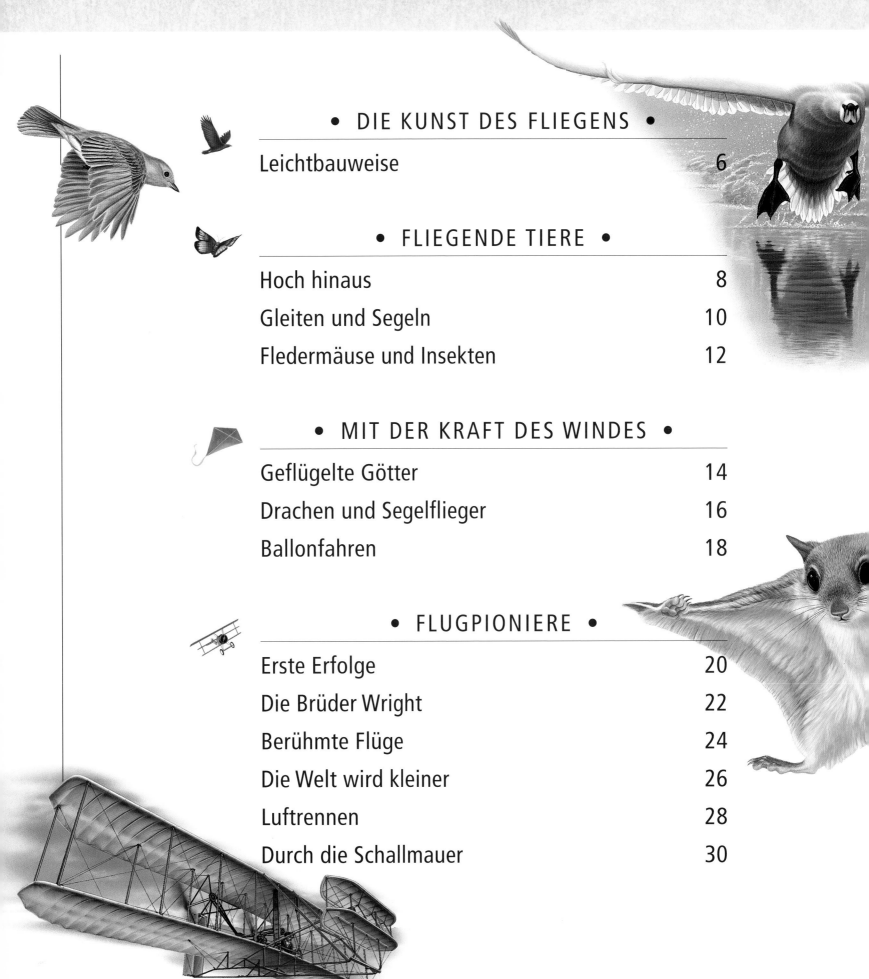

Formationsflug
Gänse legen längere Strecken im Formationsflug zurück und bilden dabei einen v-förmigen Keil. Der vorderste Vogel leistet die Hauptarbeit. Die Vögel dahinter sparen rund ein Fünftel der Energie, weil sie auf der Luftwelle des Vorfliegers mitreiten. Die Gans an der Spitze wird alle zehn Minuten abgelöst. Man kann diesen Formationsflug mit dem Gehen in tiefem Schnee vergleichen. Der Erste muss viel Arbeit leisten. Seine Nachfolger haben es viel leichter, weil der Weg schon vorgebahnt ist.

Start
Schwäne sind schwere Vögel. Sie müssen erst über eine längere Strecke das Wasser treten, um abheben zu können. So erreichen sie die Geschwindigkeit, die benötigt wird, damit der Auftrieb den Körper tragen kann. Aus demselben Grund brauchen Flugzeuge, die mit Fracht und Passagieren beladen sind, eine lange Startbahn.

Leichtbauweise

Schon vor Jahrtausenden träumten die Menschen davon, wie die Vögel zu fliegen. Einige beließen es nicht beim Träumen, sondern schnallten sich Flügel aus Federn an die Arme. Doch keiner von ihnen konnte sich in die Luft erheben. Der menschliche Körper ist zu schwer und hat nicht genügend Muskeln für den Flug. Die Flugpioniere entdeckten schließlich, dass der Vogelflügel besonders geformt ist und eine Tragfläche bildet. Wenn die Luft über einen Vogelflügel strömt, ergibt sich ein Druckunterschied zwischen der Oberseite und der Unterseite des Flügels. Dieser Druckunterschied ist der Auftrieb, der dem Gewicht entgegenwirkt und den Vogel oder das Flugzeug in die Luft hebt. Das trifft für alle Fluggeräte zu, die schwerer sind als Luft. Dazu zählen außer den Motorflugzeugen und Hubschraubern auch die Segelflugzeuge und Drachenflieger. Ballons und Luftschiffe dagegen sind leichter als Luft, weil sie Heißluft oder ein Gas wie Helium oder Wasserstoff enthalten.

SCHON GEWUSST?

Tragflügelboote erzeugen einen Auftrieb im Wasser. Bei einer gewissen Geschwindigkeit hebt das Boot den Rumpf aus dem Wasser. Damit entfällt ein Teil der Reibung.

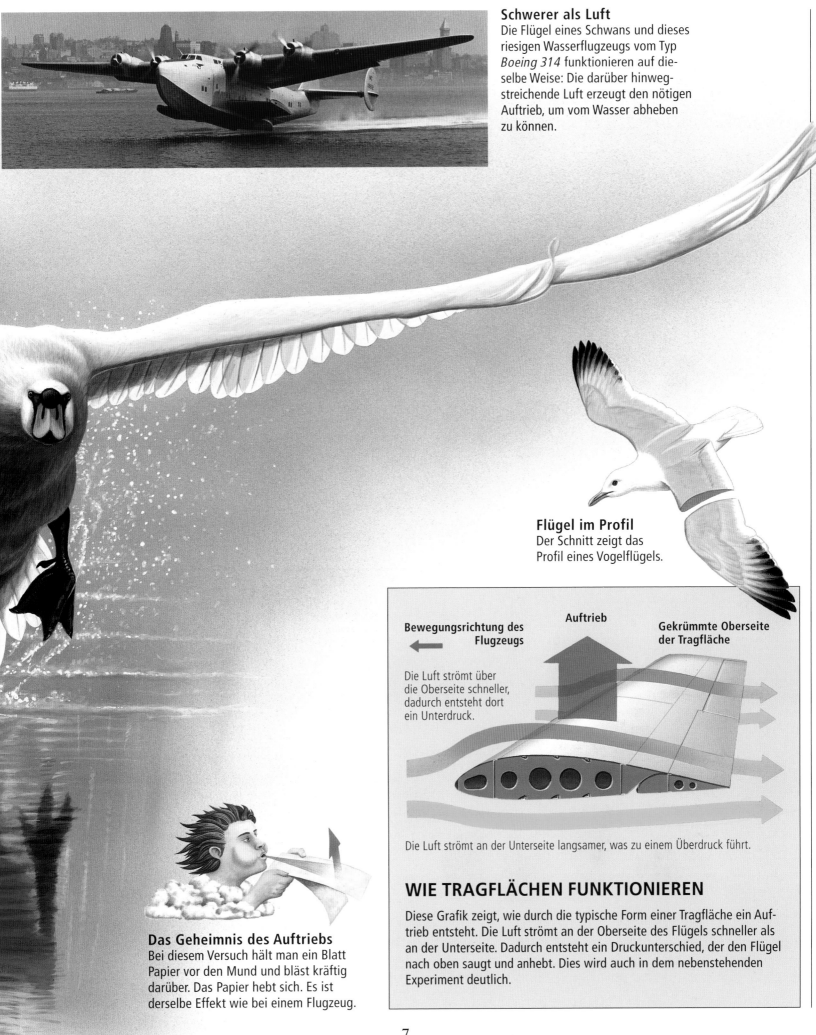

Schwerer als Luft

Die Flügel eines Schwans und dieses riesigen Wasserflugzeugs vom Typ *Boeing 314* funktionieren auf dieselbe Weise: Die darüber hinwegstreichende Luft erzeugt den nötigen Auftrieb, um vom Wasser abheben zu können.

Flügel im Profil

Der Schnitt zeigt das Profil eines Vogelflügels.

Bewegungsrichtung des Flugzeugs

Auftrieb

Gekrümmte Oberseite der Tragfläche

Die Luft strömt über die Oberseite schneller, dadurch entsteht dort ein Unterdruck.

Die Luft strömt an der Unterseite langsamer, was zu einem Überdruck führt.

WIE TRAGFLÄCHEN FUNKTIONIEREN

Diese Grafik zeigt, wie durch die typische Form einer Tragfläche ein Auftrieb entsteht. Die Luft strömt an der Oberseite des Flügels schneller als an der Unterseite. Dadurch entsteht ein Druckunterschied, der den Flügel nach oben saugt und anhebt. Dies wird auch in dem nebenstehenden Experiment deutlich.

Das Geheimnis des Auftriebs

Bei diesem Versuch hält man ein Blatt Papier vor den Mund und bläst kräftig darüber. Das Papier hebt sich. Es ist derselbe Effekt wie bei einem Flugzeug.

7

Hoch hinaus

Vögel fliegen höher, weiter und schneller als alle anderen fliegenden Tiere. Viele Vogelarten überqueren auf ihren Zügen Ozeane und Kontinente. Die Vögel sind auch die einzigen Tiere, die den Wind als Auftriebshilfe verwenden. Zwei Brustmuskeln bewegen den Vogelflügel. Bei den meisten Arten machen allein diese Muskeln rund ein Drittel des Gesamtgewichts aus. Mit Muskelkraft bewegen die Vögel auch ihre langen, steifen Flugfedern. Die Federn an der Flügelspitze, die Handschwingen, treiben den Vogel vorwärts, während der restliche Flügel den Auftrieb erzeugt. Beim Schlag nach oben und unten verändern die Flügel ihre Form. Schlagen sie nach unten, sind sie breit und flächig, während sie beim Schlag nach oben stark angezogen werden. Die Flügelform verrät viel über die Lebensweise eines Vogels. Lange Flügel sind typisch für Segel- oder Gleitflieger, während kurze, gedrungene Flügel schnellen Ruderflug ermöglichen.

Breite Flügel
Diese Fleckenweihe fliegt mit ihren breiten Flügeln langsam über offenes Gelände und hält nach kleinen Reptilien, Vögeln und Säugetieren Ausschau.

Zeitlupe
Beim Flug des Rotkehlchens gehen Aufschlag und Abschlag fließend ineinander über. Mit bloßem Auge kann man diese Bewegungen kaum verfolgen, so schnell sind sie. Unten sind die Flügelbewegungen in fünf Phasen dargestellt.

Flugsteuerung
Die langen Schwanzfedern kontrollieren die Fluglage, besonders beim Steuern und Abbremsen.

Federn in Nahaufnahme
Die Vögel haben als einzige Tiere Federn. Die elektronenmikroskopische Aufnahme zeigt die Feinstruktur einer Vogelfeder. Ähnlich wie bei einem Klettverschluss verbinden sich die Federstrahlen über Häkchen miteinander.

Ausbreiten
Die Flügel sind am höchsten Punkt vollständig gespreizt und werden dann nach unten bewegt. Die Federn überlappen sich, die Füße sind angezogen. Die gebogenen Enden der Handschwingen sorgen wie Propeller für den Vortrieb.

Anziehen
Beim Aufschlag werden die Flügel angezogen und nahe am Körper geführt, um den Luftwiderstand zu verringern.

Start
Bei Beginn des Aufschlags bilden die Federn keine einheitliche Fläche. Dadurch verringert sich der Luftwiderstand und der Vogel braucht weniger Energie.

8

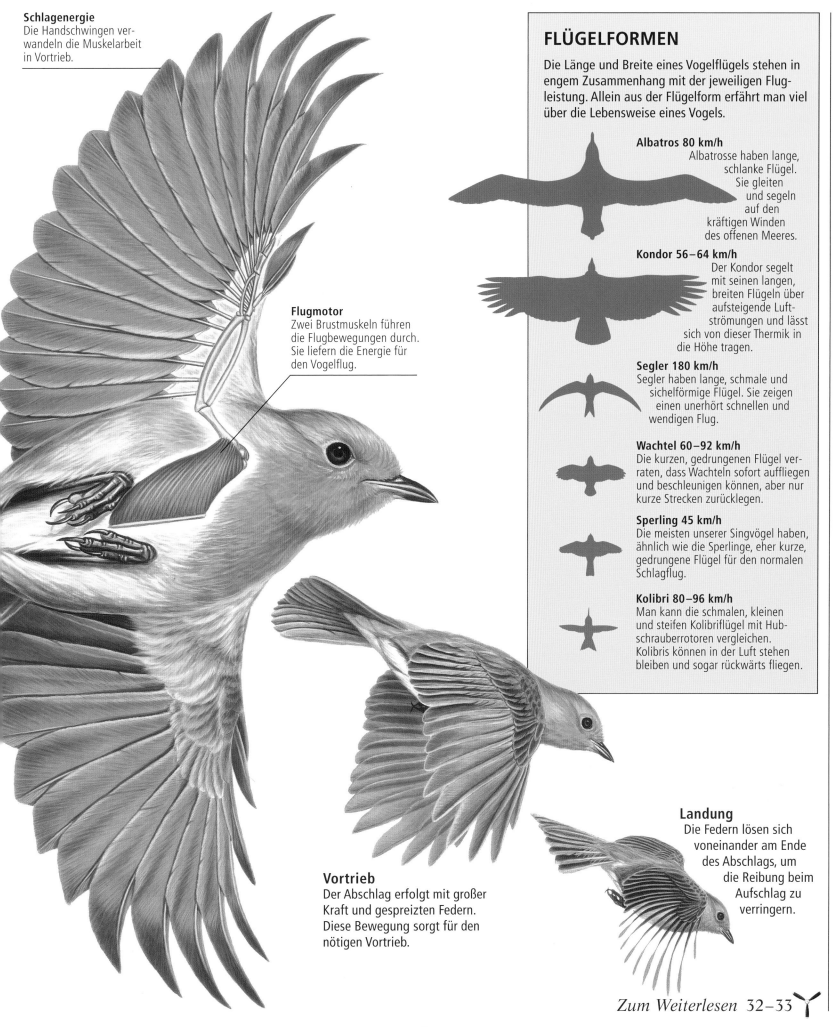

Schlagenergie
Die Handschwingen verwandeln die Muskelarbeit in Vortrieb.

Flugmotor
Zwei Brustmuskeln führen die Flugbewegungen durch. Sie liefern die Energie für den Vogelflug.

FLÜGELFORMEN

Die Länge und Breite eines Vogelflügels stehen in engem Zusammenhang mit der jeweiligen Flugleistung. Allein aus der Flügelform erfährt man viel über die Lebensweise eines Vogels.

Albatros 80 km/h
Albatrosse haben lange, schlanke Flügel. Sie gleiten und segeln auf den kräftigen Winden des offenen Meeres.

Kondor 56–64 km/h
Der Kondor segelt mit seinen langen, breiten Flügeln über aufsteigende Luftströmungen und lässt sich von dieser Thermik in die Höhe tragen.

Segler 180 km/h
Segler haben lange, schmale und sichelförmige Flügel. Sie zeigen einen unerhört schnellen und wendigen Flug.

Wachtel 60–92 km/h
Die kurzen, gedrungenen Flügel verraten, dass Wachteln sofort auffliegen und beschleunigen können, aber nur kurze Strecken zurücklegen.

Sperling 45 km/h
Die meisten unserer Singvögel haben, ähnlich wie die Sperlinge, eher kurze, gedrungene Flügel für den normalen Schlagflug.

Kolibri 80–96 km/h
Man kann die schmalen, kleinen und steifen Kolibriflügel mit Hubschrauberrotoren vergleichen. Kolibris können in der Luft stehen bleiben und sogar rückwärts fliegen.

Vortrieb
Der Abschlag erfolgt mit großer Kraft und gespreizten Federn. Diese Bewegung sorgt für den nötigen Vortrieb.

Landung
Die Federn lösen sich voneinander am Ende des Abschlags, um die Reibung beim Aufschlag zu verringern.

Zum Weiterlesen 32–33

Schwirrflug
Kolibris können in der Luft vor einer Blüte wie ein Hubschrauber stehen bleiben und in alle Richtungen wegfliegen, auch rückwärts. Sie bewegen ihre Flügel so schnell, dass wir ihren Flügelschlag mit bloßem Auge nicht mehr erkennen. Dabei verbrauchen sie viel Energie.

Gleiten und Segeln

Das amerikanische Zwerggleithörnchen kann auf seiner pelzigen Flughaut bis zu 100 m weit durch die Luft gleiten. Dieser Gleitflug erfolgt rein passiv. Das Hörnchen kann nicht an Höhe gewinnen und sich nicht längere Zeit in der Luft halten. Für das echte, aktive Fliegen muss aber – bei Tieren ebenso wie bei Flugzeugen – ein dauernder Luftstrom an den Flügeln vorhanden sein. Die Tiere haben dafür zwei Verfahren entwickelt: Sie nutzen den Wind durch Segeln oder greifen auf die eigene Muskelkraft zurück, indem sie durch Flügelschlagen den benötigten Luftstrom erzeugen. Dieser Schlag- oder Ruderflug ist leicht zu steuern, verlangt aber einen hohen Energieaufwand. So ist das Fliegen für die meisten Vögel wahre Schwerarbeit. Gemessen an seiner Körpergröße braucht ein Kolibri beispielsweise zehnmal so viel Energie wie ein Leistungssportler, um scheinbar schwerelos von Blüte zu Blüte zu schwirren.

Von Baum zu Baum
Das amerikanische Zwerggleithörnchen springt von einem Baum und spannt zwischen seinen Gliedmaßen die Flughaut aus. So gleitet es zum nächsten Halt. Man kann seine Flughaut mit einem Fallschirm vergleichen. Als Ruder verwendet das Hörnchen seinen buschigen Schwanz.

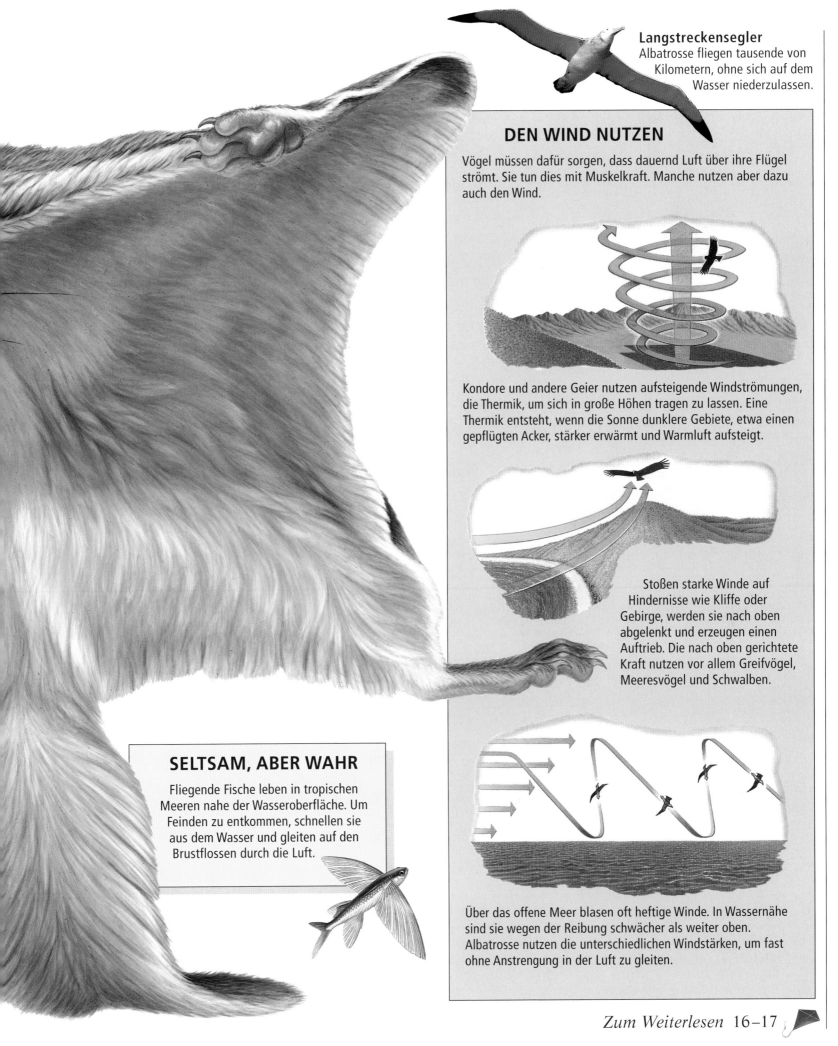

Langstreckensegler
Albatrosse fliegen tausende von Kilometern, ohne sich auf dem Wasser niederzulassen.

DEN WIND NUTZEN

Vögel müssen dafür sorgen, dass dauernd Luft über ihre Flügel strömt. Sie tun dies mit Muskelkraft. Manche nutzen aber dazu auch den Wind.

Kondore und andere Geier nutzen aufsteigende Windströmungen, die Thermik, um sich in große Höhen tragen zu lassen. Eine Thermik entsteht, wenn die Sonne dunklere Gebiete, etwa einen gepflügten Acker, stärker erwärmt und Warmluft aufsteigt.

Stoßen starke Winde auf Hindernisse wie Kliffe oder Gebirge, werden sie nach oben abgelenkt und erzeugen einen Auftrieb. Die nach oben gerichtete Kraft nutzen vor allem Greifvögel, Meeresvögel und Schwalben.

SELTSAM, ABER WAHR

Fliegende Fische leben in tropischen Meeren nahe der Wasseroberfläche. Um Feinden zu entkommen, schnellen sie aus dem Wasser und gleiten auf den Brustflossen durch die Luft.

Über das offene Meer blasen oft heftige Winde. In Wassernähe sind sie wegen der Reibung schwächer als weiter oben. Albatrosse nutzen die unterschiedlichen Windstärken, um fast ohne Anstrengung in der Luft zu gleiten.

Zum Weiterlesen 16–17

11

Fledermäuse und Insekten

Drei Gruppen von Tieren haben sich die Luft als Lebensraum erobert: Vögel, Fledermäuse und Insekten. Da Insekten nur ein geringes Gewicht durch die Luft bewegen müssen, benötigen sie keine so kräftigen Muskeln wie die Vögel. Sie wenden auch längst nicht so viel Energie beim Flug auf wie die Fledermäuse und können ihren Flug leichter steuern. Stubenfliegen schlagen in der Luft sogar einen Salto, um kopfunter an der Decke zu landen. Die schlanken Libellen erreichen Fluggeschwindigkeiten von 50 km/h. Wie Kolibris können sie rückwärts fliegen und im Flug stehen bleiben. Die einzigen fliegenden Säugetiere sind die Fledermäuse. Allerdings ist ihr Flug nicht sehr elegant, weshalb man sie als Flattertiere bezeichnet. Die Flughunde sind die größten fliegenden Säugetiere. Sie sind bis zu 50 cm lang und haben eine Flügelspannweite von 1,5 m.

SCHON GEWUSST?

Die meisten Insekten bewegen mit den Brustmuskeln nicht die Flügel, sondern verformen ihre Brust. Dadurch werden die Flügel über ein System von Hebeln bewegt. Sie vibrieren dabei so schnell, dass ein surrendes Fluggeräusch entsteht.

Der Unterschied

Diese fliegende Libelle zeigt den Unterschied zum Flug von Vögeln und Fledermäusen: Insekten haben zwei Flügelpaare, Vögel und Fledermäuse nur je eines. Bei diesen höheren Tieren bilden Gliedmaßen die Flügel, bei Insekten sind es eigene Strukturen.

Nahaufnahme

Die elektronenmikroskopische Aufnahme zeigt die Verbindungsstellen zwischen dem Körper und den Flügeln einer Libelle.

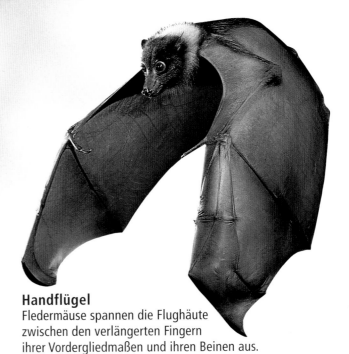

Handflügel
Fledermäuse spannen die Flughäute
zwischen den verlängerten Fingern
ihrer Vordergliedmaßen und ihren Beinen aus.

Flügelschläge bei Insekten
Je kleiner das Insekt, umso größer kann die
Zahl der Flügelschläge pro Sekunde sein. Dabei
geht allerdings die Fluggeschwindigkeit zurück.

	Höchst-geschwindigkeit	Flügelschläge pro Sekunde
Libelle	50 km/h	25
Schmetterling	22 km/h	10
Stubenfliege	8 km/h	180–330
Honigbiene	29 km/h	250
Stechmücke	1,5 km/h	300

FLUGSAURIER

Im Jahr 1986 bauten
amerikanische Forscher
ein flugfähiges Modell
eines schon längst aus-
gestorbenen Flugsauriers.
Dieser *Quetzalcoatlus northropi* lebte vor ungefähr
100 Millionen Jahren und erreichte die erstaunliche
Flügelspannweite von 6 m. Das Modell des Flugsauriers
konnte mit den Flügeln schlagen. Es hatte 13 kleine Elek-
tromotoren sowie Computer als Autopiloten und einen
Funkempfänger zur Steuerung. Dieser moderne Saurier
hielt sich immerhin drei Minuten lang in der Luft.

Der Göttervogel
Garuda war ein riesiger Vogel, der dem indischen Gott Vishnu als Reittier diente. Auch die indonesische Fluglinie heißt „Garuda". Sie hat sich diesen Götterboten als Logo ausgesucht.

Geflügelte Götter

Seit Jahrtausenden erzählen sich die Menschen Geschichten von wundersamen Wesen, die sich leicht wie Vögel in die Luft erheben. Die Fähigkeit des Fliegens galt als Zeichen für Größe und Macht. Viele Götter und Helden der griechischen Sage konnten fliegen. Der griechische Erfinder Dädalus baute Flügel, um mit seinem Sohn Ikarus von Kreta zu fliehen. Den Thron des persischen Fürsten Kaikaus sollen Adler getragen haben. Im Lauf der Geschichte wollten es viele Menschen diesen Heldengestalten gleichtun. Sie schnallten sich Flügel an die Arme und sprangen von Türmen. Einige überlebten den Fall. Der Schotte John Damian stürzte sich 1507 mit Flügeln aus Hühnerfedern von einer Schlossmauer, brach sich aber nur ein Bein. Er selbst glaubte hinterher, er hätte wohl mehr Erfolg gehabt, wenn er die Federn eines Vogels verwendet hätte, der auch wirklich fliegt. Der Schneider von Ulm versuchte 1811 mit einem Flugapparat die Donau zu überqueren. Doch er plumpste wie ein Stein ins Wasser. Bis der Mensch das Fliegen lernte, sollten noch fast hundert Jahre vergehen.

Der Flug des Alexander
Alexander der Große soll mit Hilfe von Greifen geflogen sein. Er spannte diese sagenhaften Vögel an einen Korb und verlockte sie mit einem Fleischstück an der langen Lanze zum Fliegen.

Ein geflügeltes Pferd
Einer griechischen Sage zufolge fing Bellerophontes, der Sohn des Königs von Korinth, das Flügelross Pegasus. Er flog mit ihm durch die Wolken und tötete im Kampf das dreiköpfige Monster Chimaira.

14

Der Sonne zu nahe

Der Grieche Dädalus wurde der Sage nach mit seinem Sohn Ikarus von König Minos auf der Insel Kreta gefangen gehalten. Deshalb baute er Flügel aus Wachs und Vogelfedern, um zu fliehen. Ikarus flog jedoch zu nahe an die Sonne, sodass das Wachs schmolz und er in das Ägäische Meer stürzte.

TURMSPRINGER

Jahrhundertelang versuchten die Menschen, es den Vögeln gleichzutun. Sie bauten Flügel aus Vogelfedern, sprangen von Türmen und bewegten dabei heftig die Arme, während sie wie ein Stein zu Boden fielen. Man wusste noch nicht, dass der Mensch zu schwer ist für den aktiven Schlagflug. Die Muskelmasse reicht dafür ebenso wenig aus wie die Leistungsfähigkeit des Herzens. Bei einem Spatz schlägt das Herz während des Fluges bis zu 800-mal in der Minute.

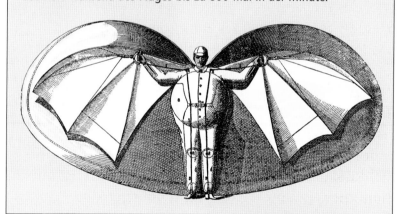

Luftkämpfe

In vielen Legenden können die Kräfte des Bösen wie des Guten fliegen. Hier verteidigt der Erzengel Michael seine Insel in der Normandie gegen den Teufel in der Gestalt eines Drachens.

Frühlingserwachen

Die ägyptische Göttin Isis hatte Flügel wie ein Falke. Jedes Jahr flog sie über das Land, um den Frühling zu bringen.

Zum Weiterlesen 20–21

Bunte Drachen
Die Japaner verwenden heute noch bunte Drachen zur Unterhaltung und bei religiösen Zeremonien.

Drachenfliegen
Der Start erfolgt von Abhängen oder Bergkanten aus. Von einer bestimmten Geschwindigkeit an trägt der Hängegleiter den Piloten. Gesteuert wird durch Verlagerung des Gewichts. Der Pilot fliegt in waagrechter Lage und hält sich mit den Händen am Trapez fest.

Trapez

Drachen und Segelflieger

Der Drachen ist einer der Vorläufer des Flugzeugs. Schon vor 2000 Jahren haben die Chinesen mit Drachen Soldaten in die Luft gehoben, damit sie den Gegner von oben beobachten konnten. Sie nutzten Drachen auch zur Versorgung eingeschlossener Städte. Dem englischen Erfinder George Cayley diente der Drachen als Vorbild für sein erstes Modell eines Gleitflugzeugs. Flugpioniere wie Otto Lilienthal bauten Gleitapparate, die Vogelflügeln nachempfunden waren. Lilienthal war davon überzeugt, dass man erst den Vogelflug verstehen müsse, bevor man selbst fliegen könne. Die heutigen Drachenflieger mit ihren Hängegleitern und Segelflugzeuge nutzen wie viele große Vögel die Thermik aufsteigender Warmluftströme. Drachenflieger starten an Abhängen, Segelflugzeuge werden von Seilwinden oder Motorflugzeugen in die Luft geschleppt.

Drachen der Maori
Bei den Maori in Neuseeland spielten Drachen eine wichtige Rolle bei Ritualen wie der Anrufung der Ahnen. Außerdem halfen sie den Weisen des Stammes bei ihren Entscheidungen.

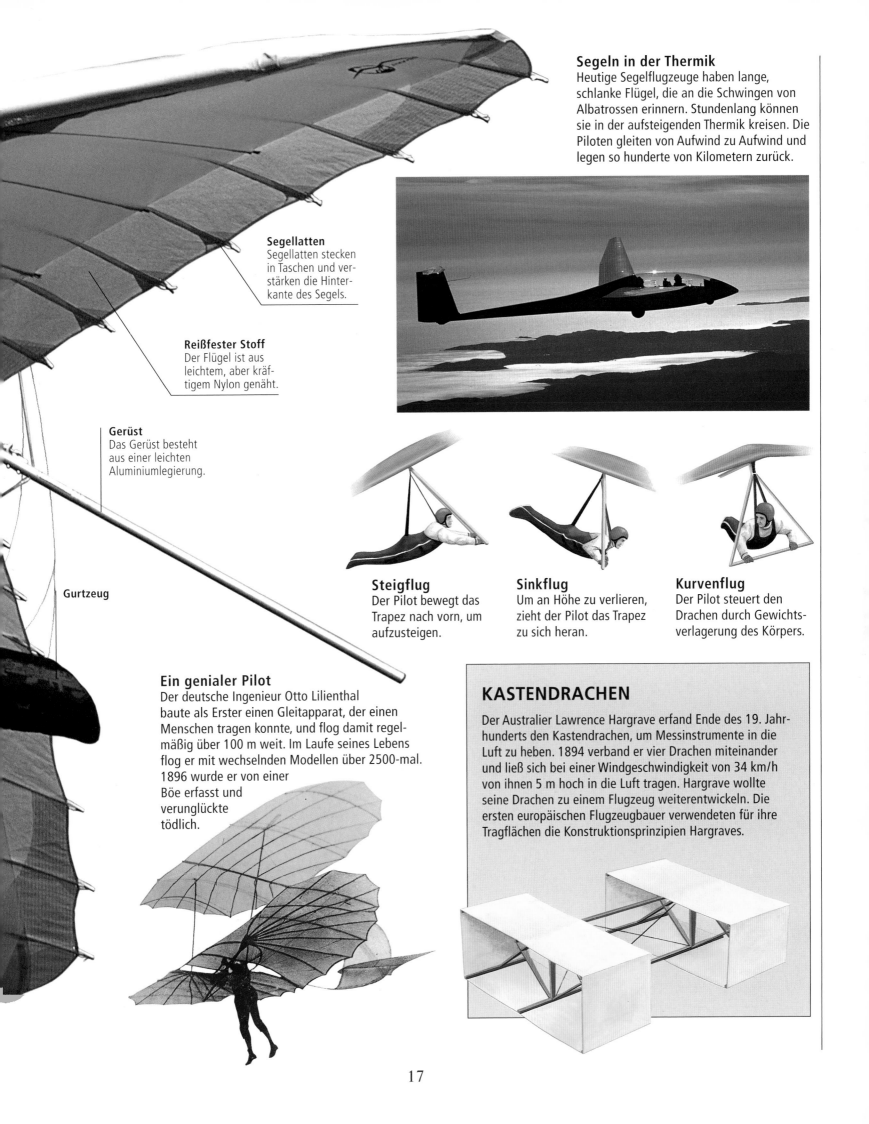

Segeln in der Thermik

Heutige Segelflugzeuge haben lange, schlanke Flügel, die an die Schwingen von Albatrossen erinnern. Stundenlang können sie in der aufsteigenden Thermik kreisen. Die Piloten gleiten von Aufwind zu Aufwind und legen so hunderte von Kilometern zurück.

Segellatten

Segellatten stecken in Taschen und verstärken die Hinterkante des Segels.

Reißfester Stoff

Der Flügel ist aus leichtem, aber kräftigem Nylon genäht.

Gerüst

Das Gerüst besteht aus einer leichten Aluminiumlegierung.

Gurtzeug

Steigflug

Der Pilot bewegt das Trapez nach vorn, um aufzusteigen.

Sinkflug

Um an Höhe zu verlieren, zieht der Pilot das Trapez zu sich heran.

Kurvenflug

Der Pilot steuert den Drachen durch Gewichtsverlagerung des Körpers.

Ein genialer Pilot

Der deutsche Ingenieur Otto Lilienthal baute als Erster einen Gleitapparat, der einen Menschen tragen konnte, und flog damit regelmäßig über 100 m weit. Im Laufe seines Lebens flog er mit wechselnden Modellen über 2500-mal. 1896 wurde er von einer Böe erfasst und verunglückte tödlich.

KASTENDRACHEN

Der Australier Lawrence Hargrave erfand Ende des 19. Jahrhunderts den Kastendrachen, um Messinstrumente in die Luft zu heben. 1894 verband er vier Drachen miteinander und ließ sich bei einer Windgeschwindigkeit von 34 km/h von ihnen 5 m hoch in die Luft tragen. Hargrave wollte seine Drachen zu einem Flugzeug weiterentwickeln. Die ersten europäischen Flugzeugbauer verwendeten für ihre Tragflächen die Konstruktionsprinzipien Hargraves.

Ballonfahren

Im Laufe der Jahrhunderte ersannen und bauten die Menschen ganz unterschiedliche Flugmaschinen, um die Welt von oben betrachten zu können. Die Franzosen Joseph und Etienne Montgolfier fertigten einen Ballon aus Stoff und Papier. Ein Feuer aus Stroh und feuchter Wolle lieferte die nötige Heißluft. Ihr zweiter Ballon beförderte die ersten Passagiere: ein Schaf, eine Ente und einen Hahn. Im Jahr 1783 stieg dann vor staunendem Publikum in Paris erstmals eine Montgolfiere – so hießen nun diese Ballons – mit zwei Männern an Bord in die Luft. 50 Jahre später verwendeten Wissenschaftler Ballons für die Untersuchung der oberen Erdatmosphäre. Die erste Non-Stop-Umrundung der Erde per Ballon gelang Bertrand Piccard und Brian Jones. Am 22. März 1999 landeten sie mit ihrem *Breitling Orbiter* 3 nach knapp 20 Tagen in Ägypten.

Brenner
Der Pilot reißt an einer Leine, um das Ventil des Brenners zu öffnen. Dieser verbrennt Gas und füllt den Ballon mit heißer Luft.

Korb
Die meisten Ballonkörbe bestehen heute noch aus Weidengeflecht, weil dieses Material leicht und widerstandsfähig ist.

Heiße Luft
Das Fahren mit Heißluftballons ist heute sehr beliebt. Der Ballon hat einen Durchmesser von rund 18 m und enthält etwa 2830 m³ Luft, die mit Propangasbrennern auf etwa 100 °C erhitzt wird.

Hülle
Die Hülle besteht aus 24 Teilen polyurethanbeschichtetem, reißfestem Nylon. Die Oberfläche beträgt rund 1000 m². Zum Nähen benötigt man 5 km Faden.

Fallschirmventil

Reißleine

Ballonabenteuer

Im Jahr 1978 überquerten drei Amerikaner mit dem Heliumballon *Double Eagle II* den Atlantik in sechs Tagen. 15 Jahre darauf überquerte ein Heißluftballon Australien in 40 Stunden und 23 Minuten.

Ballons als Hindernisse

Während des Zweiten Weltkrieges verwendete man Fesselballons als Sperren für Flugzeuge. Sie hinderten feindliche Bomber daran, in geringer Höhe über die Städte hinwegzufliegen.

FLIEGEN MIT HEISSLUFT

Ballons fahren mit dem Wind, deshalb können die Ballonfahrer die Flugrichtung nicht bestimmen. Nur die Flughöhe können sie beeinflussen. Soll der Ballon steigen, drehen sie das Brennerventil auf. Durch das Feuer erwärmt sich die Luft in der Hülle, was einen Auftrieb zur Folge hat. Soll der Ballon sinken, lässt der Fahrer die Luft abkühlen oder er zieht die Reißleine. Dadurch kann Warmluft aus einem Luftloch entweichen und wird durch kühlere, schwerere Luft ersetzt. Nach der Landung wird die Warmluft abgelassen.

Zum Weiterlesen 38–39

Erste Erfolge

Es gibt viele Geschichten über mutige Männer und ihre verrückten Flugmaschinen. Die meisten davon flogen nie, doch ihre Erfinder schafften die Basis für die späteren Flugpioniere. Die Entwicklung der Dampfmaschine im 19. Jahrhundert führte zu ernst zu nehmenden Versuchen, mit ihrer Hilfe die Lüfte zu erobern. 1874 baute Félix de Temple einen Eindecker, der einen kurzen Hopser hügelabwärts vollbrachte. Clément Ader und Hiram Maxim bauten Flugapparate, die für kurze Zeit vom Boden abhoben. Diese ließen sich jedoch nicht steuern. Ihre kohlebefeuerten Maschinen waren zu schwer und brachten nicht genug Leistung für den Flug. Im Jahr 1896 startete Samuel Langley ein unbemanntes Flugzeug mit einer Dampfmaschine. Es flog 1200 m weit, dann fiel der Dampfdruck ab. Dampfmaschinen wurden bald darauf durch die leichteren Benzinmotoren ersetzt. Erst sie ermöglichten den Bau echter Flugzeuge.

Mit Dampf in die Luft
Im Jahr 1842 entwarf William Henson den ersten Flugapparat, der einem heutigen Flugzeug ähnlich sah. Angetrieben wurde er von einer Dampfmaschine, die zwei Propeller in Drehung versetzte. Obwohl Henson nur ein Modell baute, wies es schon viele Merkmale heutiger Flugzeuge auf.

Ein missglückter Versuch
Der Amerikaner Samuel Langley konstruierte zuerst dampfbetriebene Flugzeugmodelle. Damit hatte er solchen Erfolg, dass er sich an ein großes Flugzeug mit Benzinmotor wagte, die *Aerodrome*. Der erste Testflug fand 1903 statt: Ein Katapult startete das bemannte Flugzeug vom Dach eines Hausbootes aus. Doch der Startmechanismus versagte und die *Aerodrome* stürzte in den Potomac-River.

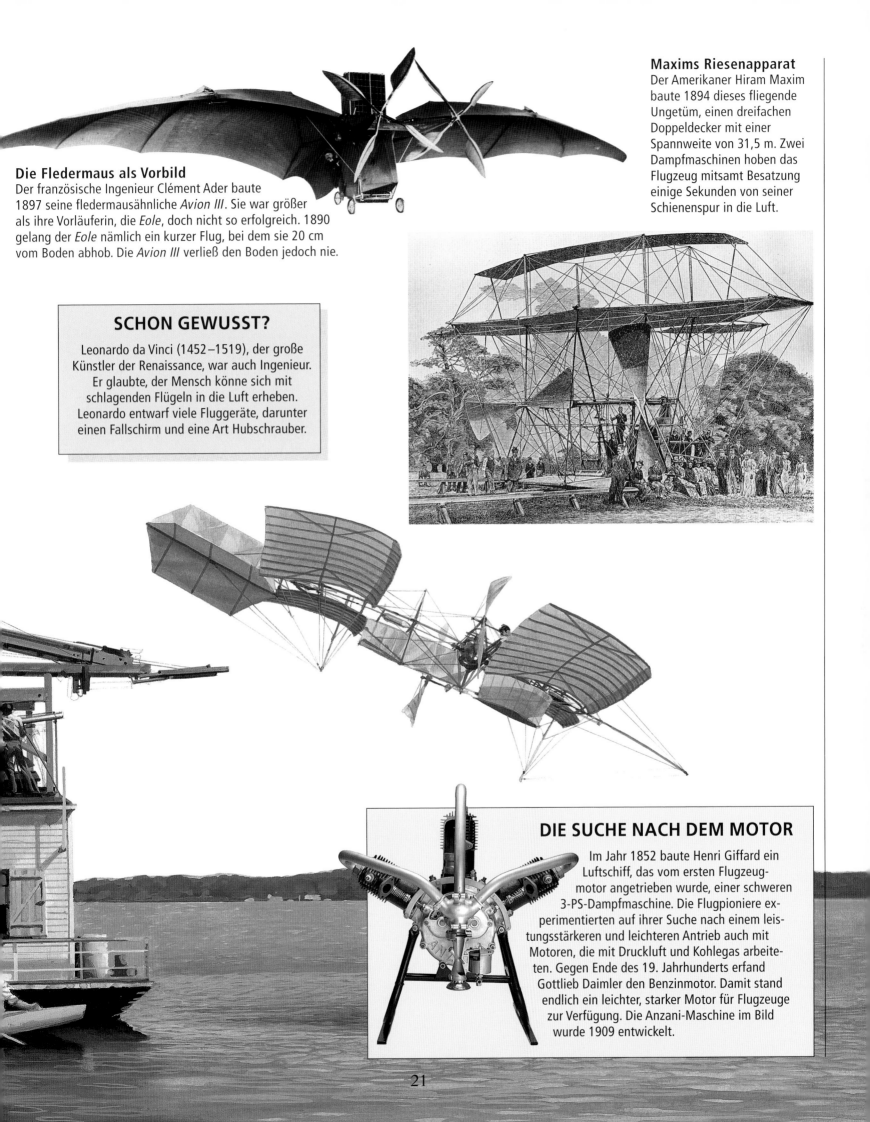

Die Fledermaus als Vorbild

Der französische Ingenieur Clément Ader baute 1897 seine fledermausähnliche *Avion III*. Sie war größer als ihre Vorläuferin, die *Eole*, doch nicht so erfolgreich. 1890 gelang der *Eole* nämlich ein kurzer Flug, bei dem sie 20 cm vom Boden abhob. Die *Avion III* verließ den Boden jedoch nie.

Maxims Riesenapparat

Der Amerikaner Hiram Maxim baute 1894 dieses fliegende Ungetüm, einen dreifachen Doppeldecker mit einer Spannweite von 31,5 m. Zwei Dampfmaschinen hoben das Flugzeug mitsamt Besatzung einige Sekunden von seiner Schienenspur in die Luft.

SCHON GEWUSST?

Leonardo da Vinci (1452–1519), der große Künstler der Renaissance, war auch Ingenieur. Er glaubte, der Mensch könne sich mit schlagenden Flügeln in die Luft erheben. Leonardo entwarf viele Fluggeräte, darunter einen Fallschirm und eine Art Hubschrauber.

DIE SUCHE NACH DEM MOTOR

Im Jahr 1852 baute Henri Giffard ein Luftschiff, das vom ersten Flugzeugmotor angetrieben wurde, einer schweren 3-PS-Dampfmaschine. Die Flugpioniere experimentierten auf ihrer Suche nach einem leistungsstärkeren und leichteren Antrieb auch mit Motoren, die mit Druckluft und Kohlegas arbeiteten. Gegen Ende des 19. Jahrhunderts erfand Gottlieb Daimler den Benzinmotor. Damit stand endlich ein leichter, starker Motor für Flugzeuge zur Verfügung. Die Anzani-Maschine im Bild wurde 1909 entwickelt.

Verspannung
Die Steuerung um die Längsachse erfolgte über Drähte,
mit denen der Pilot die
Flügelspitzen verformte.

Der erste Flug
Die *Flyer* von 1903 hatte einen stoffüberzogenen, mit
Drähten verspannten Holzrahmen. Der Pilot lag auf
dem unteren Flügel neben dem Motor. Mit der linken
Hand betätigte er das Höhenruder. Mit der Hüfte
bewegte er Drähte, die mit den Flügelspitzen
und den Seitenrudern verbunden waren.

Propellerantrieb
Fahrradketten verbanden
Motor und Propeller.

Ruder
Mit zwei Seitenrudern
steuerte der Pilot die
Richtung des Flugzeugs.

Die Brüder Wright

Orville und Wilbur Wright träumten seit ihrer Jugend vom
Fliegen. Schon ihren Schulkameraden verkauften sie Drachen.
Später eröffneten sie eine Fahrradfabrik und steckten ihr Geld
in den Flugzeugbau. Jahrelang studierten sie Flugtheorien und
machten selbst Versuche. Wo lag der Schlüssel zum Geheimnis
des Fliegens? 1902 entwickelten sie einen Gleitapparat, mit
dem sie über 1000-mal flogen. Dazu entwarfen sie einen kleinen 12-PS-Benzinmotor und verbanden ihn über eine Fahr-
radkette mit dem Propeller. So entstand aus ihrem Gleiter ein
Motorflugzeug, die *Flyer*. Damit unternahm Orville Wright im
Dezember 1903 in der Nähe von Kitty Hawk in North Carolina
den ersten Motorflug in der Geschichte. Die *Flyer* blieb bei vier
Versuchen insgesamt 98 Sekunden lang in der Luft. Dann wurde
sie von einer Windböe erfasst und schwer beschädigt.

SCHON GEWUSST?

Wilbur (links) und Orville
Wright losten mit einer
Münze aus, wer der erste Pilot
sein sollte. Wilbur gewann, sackte
beim Start jedoch ab und blieb
im Sand stecken. Orville gelang
dann der erste Motorflug.

Seiner Zeit voraus

Orville Wright gehörte einem Team von Ingenieuren an, die 1920 den Dayton-Wright-Eindecker konstruierten. Er hatte ein einziehbares Fahrgestell und extrem widerstandsfähige Flügel.

LUFTSCHRAUBEN

Propeller sind kleine Tragflügel, die sich drehen. Während der Rotation strömt die Luft schneller über die gewölbte Oberseite des Propellers. Im Vergleich zur Unterseite ergibt sich ein Druckunterschied. Er treibt das Flugzeug vorwärts. Propeller können den Anstellwinkel für Start, Reiseflug und Landung verändern. Damit lässt sich der Treibstoffverbrauch senken. Die Veränderung des Anstellwinkels ist der Gangschaltung eines Autos vergleichbar. Die *Flyer* hatte einen Holzpropeller (rechts). Heute bestehen Propeller aus Metall, glasfaserverstärktem Kunststoff oder Kohlefasern.

Wasserkühlung

Benzintank

Höhenruder
Die Höhenruder vor den Flügeln ließen sich kippen.

Benzinmotor
Der 12-PS-Benzinmotor war neben dem Piloten montiert, um dessen Gewicht auszugleichen.

Hebel für das Höhenruder

Landekufen

Urkunde

Die Brüder Wright ließen 1906 ihr Flugzeug patentieren, damit andere ihre Ideen nicht kopierten. Doch Flugpioniere in Europa waren bereits dabei, neue Flugzeugtypen zu entwerfen.

Ein Vergleich

Der erste Flug von Orville Wright war mit Start und Landung 51,5 m lang. Die gesamte Flugstrecke hätte im Passagierraum einer *Boeing 747-400* Platz gehabt.

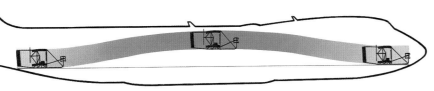

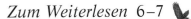

Zum Weiterlesen 6–7

Berühmte Flüge

Die Geschichte des Fliegens begann 1783 mit dem Heißluftballon der Brüder Montgolfier. Im Jahr 1853 entwarf George
Cayley das erste Flugzeug, das schwerer war als Luft. Und
50 Jahre später gelang den Brüdern Wright der erste Motorflug.
Nur weitere fünf Jahre mussten bis zum ersten Passagierflug
vergehen. Louis Blériot überflog 1909 den Ärmelkanal. In den
darauf folgenden Jahren wurden die Flugzeuge dauernd verbessert – nicht zuletzt, weil sie auch im Krieg eingesetzt wurden. So konnten die Amerikaner John Alcock und Arthur
Brown in einer umgebauten Militärmaschine 1919 den
Atlantik überqueren – acht Jahre vor Charles Lindbergh! 1947 durchflog Chuck Yeager mit seiner
Bell X-1 die Schallgrenze. Die Luftfahrt setzte sich
immer ehrgeizigere Ziele. Im Jahr 1961 flog der
Russe Jurij Gagarin als erster Mensch mit einer
Rakete in den Weltraum. Sechs Jahre darauf
flog die raketengetriebene *X-15A-2* Weltrekord-
geschwindigkeit mit 7254 km/h.

Die ersten Schritte auf dem Mond
Die Amerikaner Neil Armstrong und Edwin „Buzz"
Aldrin landeten am 21. Juli 1969 mit ihrem Mond-
modul *Eagle* auf dem Erdtrabanten. Millionen von
Zuschauern verfolgten die Mondlandung im
Fernsehen.

Muskelkraft
Der amerikanische Radsportler Bryan Allen trieb
1977 im ersten Muskelkraftflugzeug der Welt, der
Gossamer Condor, den Propeller an. Das Flugzeug
flog einen Achterkurs von 1,6 km Länge mit einer
Geschwindigkeit von 16 km/h. Es hatte 29 m Spannweite, wog 32,7 kg und bestand aus kunststoffüber-
zogenen Aluminiumröhren und Sperrholzelementen.

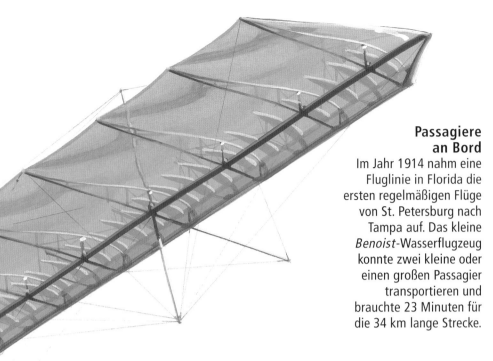

Passagiere an Bord

Im Jahr 1914 nahm eine Fluglinie in Florida die ersten regelmäßigen Flüge von St. Petersburg nach Tampa auf. Das kleine *Benoist*-Wasserflugzeug konnte zwei kleine oder einen großen Passagier transportieren und brauchte 23 Minuten für die 34 km lange Strecke.

FRAUEN IN DER LUFT

Im Jahr 1910 machte die französische Baronesse de Laroche als erste Frau den Pilotenschein. Zwei Jahre später überflog die Amerikanerin Harriet Quimby den Ärmelkanal. Berühmt wurde auch die Amerikanerin Amelia Earhart (oben), die 1932 als erste Frau im Alleinflug den Atlantik überquerte. Weitere Langstreckenpilotinnen waren in den 30er-Jahren die Engländerin Amy Johnson, die 19 616 km nach Australien zurücklegte, die Australierin Lores Bonney, die 29 120 km nach Südafrika flog, und die Neuseeländerin Jean Batten, zu deren Pionierleistungen eine Überquerung des Südatlantiks gehörte. 1953 durchbrach die Amerikanerin Jacqueline Cochran als erste Frau die Schallmauer.

Der erste Jet

Die deutsche *Heinkel He 178* war 1939 das erste Flugzeug, das von einem Strahltriebwerk angetrieben wurde. Die *He 178* erreichte Geschwindigkeiten von 700 km/h. Das Flugzeug war von großer Bedeutung für die gesamte Luftfahrt, besonders für die Entwicklung von Jagdflugzeugen in den Vereinigten Staaten und Europa.

Ein Meilenstein

Das schlanke *Deperdussin*-Rennflugzeug von 1912 war das modernste Flugzeug seiner Zeit. Der Schalenrumpf war stromlinienförmig und aerodynamisch günstig. Der Franzose Maurice Prévost flog mit diesem Flugzeug als Erster schneller als 200 km/h.

Zum Weiterlesen 30–31

Die Überquerung des Pazifiks

1928 überquerten die Australier Charles Kingsford-Smith und Charles Ulm als Erste den Pazifik in einem Flugzeug. Sie kamen mit der *Fokker F-VII B-3M „Southern Cross"* auf eine Durchschnittsgeschwindigkeit von 143 km/h und legten 11 914 km zurück. Um aufzutanken, landeten sie auf Hawaii und den Fidschi-Inseln.

Die weißen Klippen von Dover

Louis Blériot flog in einem Eindecker, der nur von einem 35-PS-Motor angetrieben wurde, von Frankreich nach England. Vor Dover machte er aber eine Bruchlandung.

Spirit of St. Louis

Lindberghs Flugzeug, der Eindecker *Ryan NYP „Spirit of St. Louis"*, wurde in nur zwei Monaten eigens für den Transatlantikflug gebaut. Für die 5796 km lange Strecke von New York nach Paris brauchte Lindbergh 33 Stunden und 30 Minuten. Das Cockpit lag hinter einem riesigen Treibstofftank, sodass der Pilot nur mit einem Periskop nach vorn sehen konnte.

Die Welt wird kleiner

Als sich die ersten klapprigen Flugzeuge allmählich zu zuverlässigen Maschinen entwickelten, die große Entfernungen zurücklegen konnten, begannen die Piloten, von Langstreckenflügen über Land und Wasser zu träumen. Am 25. Juli 1909 überquerte Louis Blériot in 37 Minuten als Erster den Ärmelkanal. Er kämpfte gegen Windböen und einen Motor, der heiß lief. Bei der übereilten Landung wurden der Propeller und das Fahrwerk zerschlagen. Der Amerikaner Cal Rodgers überlebte fünf Abstürze auf seiner 84-tägigen Reise, die ihn 1911 quer durch die Vereinigten Staaten führte. Ross und Keith Smith stellten einen außergewöhnlichen Rekord auf: Sie flogen von England 18 396 km nach Australien. 1927 überflog Charles Lindbergh den Atlantik im Alleinflug, ein Jahr später überquerten Charles Ulm und Charles Kingsford-Smith den Pazifik. Mit den heutigen Jets sind die Kontinente keine Tagesreise mehr voneinander entfernt.

Rekordflüge

Die 20er- und 30er-Jahre des vergangenen Jahrhunderts waren eine aufregende Zeit für die Luftfahrt. Es gab viele Rekordflüge über den Nord- und Südatlantik. Die bedeutendsten sind rechts angegeben.

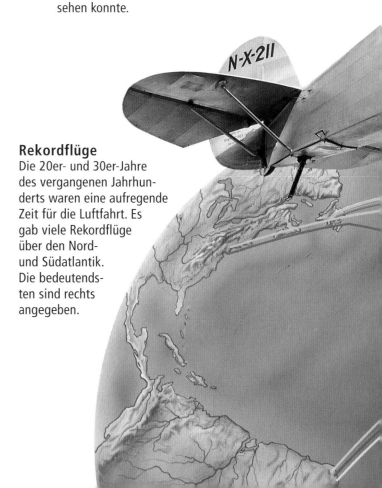

Flug um die Welt in neun Tagen
Den letzten Langstreckenrekord holten sich 1986 Dick Rutan und Jeana Yeager, als sie mit ihrem Flugzeug *Voyager* nonstop in neun Tagen um die Welt flogen.

HÖHENREKORD

Nachdem der Amerikaner Wiley Post im Jahr 1934 die Erde umrundet hatte, wollte er auch den Höhenrekord brechen. Er entwarf dazu den ersten Raumanzug, der noch sehr an einen Taucheranzug erinnerte. Damit konnte er auch in sehr großen Höhen noch atmen. 1934 erreichte er 15 240 m. Post trug diesen Anzug auch, als er die ersten Flüge in JetStrömen unternahm, jenen Winden hoch oben in der Atmosphäre, die von den heutigen Flugzeugen genutzt werden.

Ruhm und Ehre
Charles Lindbergh begann seine Karriere als Postflieger in den USA. Nach der Überquerung des Atlantiks im Alleinflug stieg er zum berühmtesten Piloten der Welt auf.

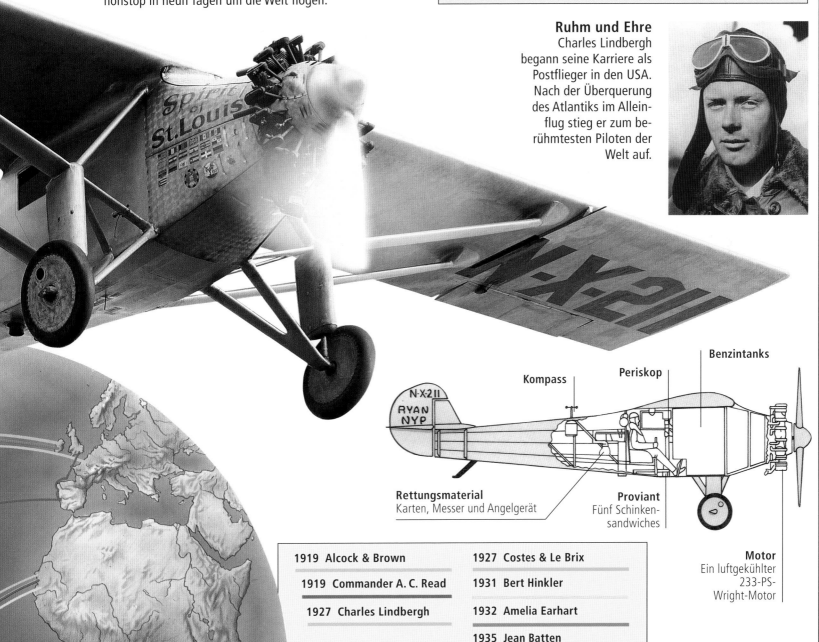

Kompass

Periskop

Benzintanks

N-X-211
RYAN
NYP

Rettungsmaterial
Karten, Messer und Angelgerät

Proviant
Fünf Schinkensandwiches

Motor
Ein luftgekühlter 233-PS-Wright-Motor

1919 Alcock & Brown	1927 Costes & Le Brix
1919 Commander A. C. Read	1931 Bert Hinkler
1927 Charles Lindbergh	1932 Amelia Earhart
	1935 Jean Batten

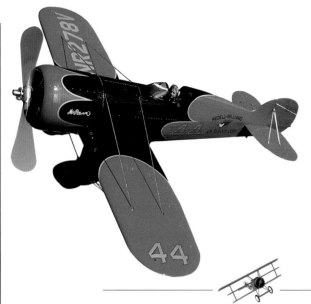

Wedell-Williams

Das *Wedell-Williams*-Rennflugzeug gewann 1933 die amerikanische Thompson-Trophäe. Auf einem von Masten gekennzeichneten Kurs brachte es dieses Rennflugzeug auf eine Durchschnittsgeschwindigkeit von 383 km/h. Die Rennflugzeuge der 30er-Jahre hatten leistungsstarke Motoren, waren aber nicht besonders stromlinienförmig.

Luftrennen

Rennen und Wettbewerbe sind eine Leidenschaft des Menschen. Das erste Flugzeug der Gebrüder Wright machte die Menschen mit dem Motorflug bekannt – und eröffnete gleichzeitig neue Wege, das Leben für Ruhm und die hohen Preise bei Luftrennen aufs Spiel zu setzen. 1909 gewann der Amerikaner Glenn Curtiss das erste Luftrennen der Welt, den Gordon-Bennett-Cup. Er flog mit einem klapprigen, offenen Doppeldecker eine Geschwindigkeit von 76 km/h. Drei Jahre darauf waren die Flugzeuge schon so weit verbessert, dass eine *Deperdussin* mit einer Geschwindigkeit von 174 km/h dieses Rennen gewann. In den 30er-Jahren zogen die Luftrennen in den Vereinigten Staaten große Menschenmengen an und Piloten wie Roscoe Turner und Jimmy Doolittle wurden zu Helden. Am ersten Rennen für Pilotinnen nahmen 32 Frauen teil, darunter Amelia Earhart. Berühmt waren auch die Rennen um die Schneider-, Thompson- und Bendix-Trophäen.

Schneider-Trophäe

Dieses Wasserrennen fand in der Lagune von Venedig statt. Siebenmal mussten die Piloten einen dreieckigen 48 km langen Kurs fliegen.

Kämpfen um Ruhm

Beim Rennen um die Schneider-Trophäe kämpft hier eine englische *Supermarine S.5* an einem Wendepunkt mit einer italienischen *Macchi M.52*. Beide Maschinen waren stromlinienförmig und damit sehr schnell. Die englische Siegermaschine erreichte eine Durchschnittsgeschwindigkeit von 454 km/h.

Luftrennen

Der Amerikaner Jimmy Doolittle war einer der besten Rennpiloten. Im Jahr 1925 gewann er die Schneider-Trophäe in einem Wasserflugzeug der US-Army. 1931 holte er sich die Bendix-Trophäe. 1932 stellte er einen Geschwindigkeitsrekord (473 km/h) auf und gewann die Thompson-Trophäe.

Bendix-Trophäe

Diese Trophäe bekam der Gewinner des Langstreckenrennens quer durch die USA, das von 1931 bis 1949 jährlich abgehalten wurde.

SHOWS IN DER LUFT

Nach dem Ersten Weltkrieg verdienten viele arbeitslose Piloten ihren Lebensunterhalt mit Shows. Sie unterhielten die Menschenmassen bei Festen mit spektakulären Darbietungen. Während des Fluges gingen sie auf den Tragflächen spazieren, hingen kopfüber am Fahrwerk oder hüpften von einem Flugzeug aufs andere. Einige spielten sogar Tennis auf den Tragflächen wie die beiden hier auf einem *Curtiss-Jenny*-Doppeldecker.

Durch die Schallmauer

Während des Zweiten Weltkrieges bemerkten viele Piloten, dass ihr Flugzeug bei Geschwindigkeiten um 880 km/h nicht mehr richtig zu steuern war. Die Maschinen wurden so stark geschüttelt, dass manche auseinander brachen. Die Piloten näherten sich nämlich der Schallmauer, von der damals viele annahmen, Flugzeuge würden sie nie überwinden können. Jedenfalls wurde sie nach dem Zweiten Weltkrieg zu einer großen Herausforderung. Einige Piloten kamen beim Versuch, die Schallmauer in den ersten Düsenflugzeugen zu durchbrechen, ums Leben. 1947 gelang dieser Durchbruch dem amerikanischen Piloten Chuck Yeager in seiner besonders dafür entworfenen *Bell X-1*, die von einem Raketenmotor angetrieben wurde. Anschließend durchbrach auch eine amerikanische *F-86 Sabre* die Schallmauer im Sturzflug. Heute stellt die Schallgeschwindigkeit für die *Concorde* und für viele Jagdflugzeuge kein Problem mehr dar.

Schneller als der Schall
Die Firma Bell formte den Rumpf ihres Raketenversuchsflugzeugs *X-1* wie eine Gewehrkugel, die mit Überschallgeschwindigkeit fliegt. Das Flugzeug hatte einen Raketenmotor und wurde von *Boeing B-29-* und *B-50-* Bombern gestarte

Durchbruch
In einer Höhe von 13 106 m durchbrach Captain Charles „Chuck" Yeager die Schallgeschwindigkeit mit 1126 km/h. Sein Flugzeug hat er nach seiner Frau *Glamorous Glennis* genannt.

Flächenregel
Mit der Flächen- oder Querschnittsregel entwirft man strömungsgünstige Rumpfformen von Flugzeugen, um die Schallmauer zu durchbrechen. Die roten Striche auf der *F-102* (oben) zeigen die Breite des Mittelrumpfes an, bevor dieser nach der Flächenregel getrimmt wurde.

Sensor für Hochgeschwindigkeit
Dieser Sensor sammelt Informationen über den Luftdruck.

Die Schallgrenze
Beim Flug erzeugt ein Flugzeug Druckwellen, die sich mit Schallgeschwindigkeit nach allen Richtungen ausbreiten.

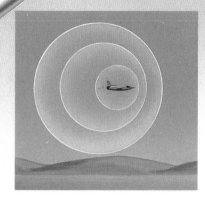

Unterschall: Unter Mach 1
Das Flugzeug fliegt langsamer als der Schall. Die Schallwellen breiten sich auch nach vorn aus.

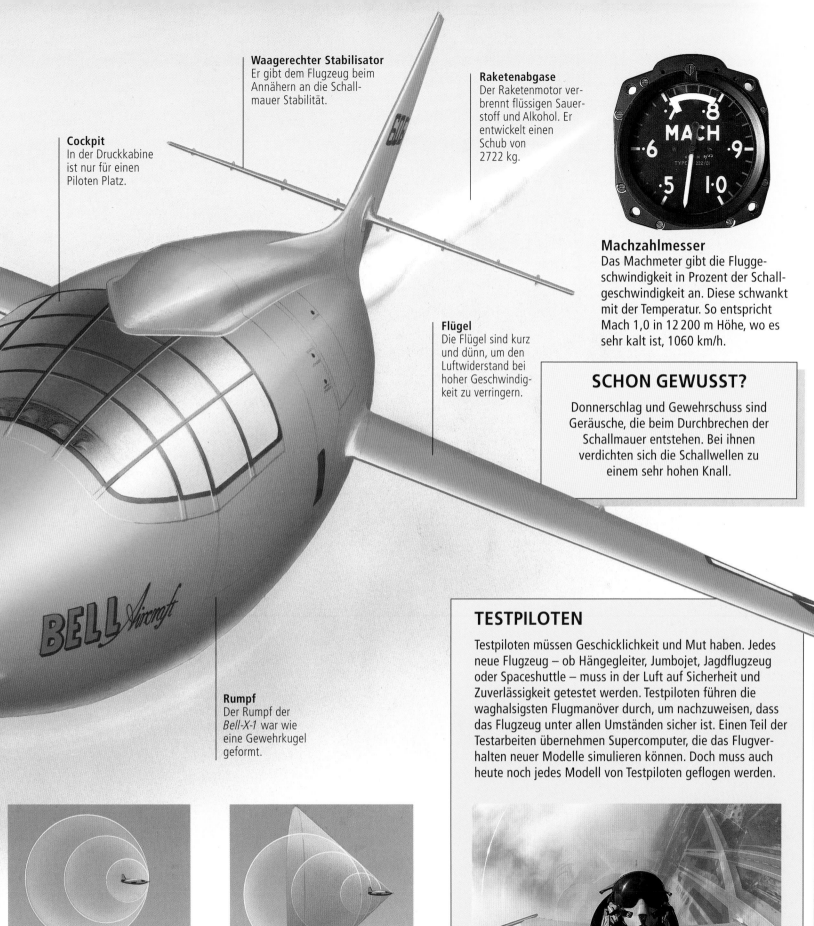

Cockpit
In der Druckkabine ist nur für einen Piloten Platz.

Waagerechter Stabilisator
Er gibt dem Flugzeug beim Annähern an die Schallmauer Stabilität.

Raketenabgase
Der Raketenmotor verbrennt flüssigen Sauerstoff und Alkohol. Er entwickelt einen Schub von 2722 kg.

Machzahlmesser
Das Machmeter gibt die Fluggeschwindigkeit in Prozent der Schallgeschwindigkeit an. Diese schwankt mit der Temperatur. So entspricht Mach 1,0 in 12 200 m Höhe, wo es sehr kalt ist, 1060 km/h.

Flügel
Die Flügel sind kurz und dünn, um den Luftwiderstand bei hoher Geschwindigkeit zu verringern.

SCHON GEWUSST?

Donnerschlag und Gewehrschuss sind Geräusche, die beim Durchbrechen der Schallmauer entstehen. Bei ihnen verdichten sich die Schallwellen zu einem sehr hohen Knall.

Rumpf
Der Rumpf der *Bell-X-1* war wie eine Gewehrkugel geformt.

TESTPILOTEN

Testpiloten müssen Geschicklichkeit und Mut haben. Jedes neue Flugzeug – ob Hängegleiter, Jumbojet, Jagdflugzeug oder Spaceshuttle – muss in der Luft auf Sicherheit und Zuverlässigkeit getestet werden. Testpiloten führen die waghalsigsten Flugmanöver durch, um nachzuweisen, dass das Flugzeug unter allen Umständen sicher ist. Einen Teil der Testarbeiten übernehmen Supercomputer, die das Flugverhalten neuer Modelle simulieren können. Doch muss auch heute noch jedes Modell von Testpiloten geflogen werden.

Schall: Mach 1
Das Flugzeug fliegt so schnell wie der Schall. Die Schallwellen verdichten sich zu einer Schockwelle.

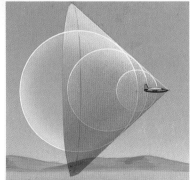

Überschall: Über Mach 1
Das Flugzeug zieht die Schockwelle wie einen Kegel hinter sich her. Auf der Erde hören wir einen Knall.

Flugmanöver

Die unsichtbare Kraft, die ein Flugzeug abheben lässt, kommt durch die Luftströmungen an den Tragflächen zu Stande. Wegen der Wölbung des Flügels entsteht an der Oberseite ein Unterdruck, der einen Sog ausübt und die Tragfläche nach oben zieht. An der Flügelunterseite staut sich die Luft und es bildet sich ein Überdruck. Dieser Staudruck hebt die Tragfläche an. Sog und Staudruck ergeben zusammen den Auftrieb, eine der vier Kräfte, die auf ein Flugzeug einwirken. Er ist dem Gewicht entgegengesetzt. Der Motor erzeugt den Vortrieb, dem der Luftwiderstand entgegenwirkt. Mit zunehmender Fluggeschwindigkeit wächst dieser stark an. Ein Flugzeug muss stabil, glatt und sicher in der Luft fliegen. Dazu tragen das Leitwerk und die leicht v-förmig angeordneten Tragflügel bei. An den Flügeln und am Leitwerk hinten befinden sich die Ruder. Sie verändern die Luftströmung und der Pilot kann mit ihrer Hilfe Bewegungen um drei Achsen ausführen.

Seitenflosse

Höhen-flosse

Gestänge
Sie verbinden das Seitenruder mit den Pedalen und das Höhenruder mit dem Steuerknüppel.

Linkes Querruder nach unten

Nicken
Bewegt der Pilot die Höhenruder nach oben, steigt die Nase des Flugzeugs über den Horizont und es beginnt mit dem Steigflug. Das Seitenruder und die Querruder sind in neutraler Stellung. Beim Sinkflug klappt der Pilot die Höhenruder nach unten. Diese Auf- und Abbewegung um die Längsachse heißt „Nicken".

Kurvenflug
Bewegt der Pilot die Querruder, rollt das Flugzeug um die Längsachse. Höhen- und Seitenruder befinden sich dabei in neutraler Stellung.

Rechtes Quer-ruder nach oben

Höhenruder nach oben

Anstellwinkel
Der Anstellwinkel gibt an, in welchem Winkel die Luft auf den Tragflügel trifft. Wird das Flugzeug langsamer, so muss es diesen Winkel erhöhen, um genügend Auftrieb zu erzeugen. Bei einem Winkel von 14 Grad geht der Auftrieb verloren, weil die Strömung abreißt.

Kleiner Anstellwinkel
Bei hohen Geschwindigkeiten ist nur ein Anstellwinkel von ca. vier Grad nötig, um genügend Auftrieb zu haben.

Großer Anstellwinkel
Bei geringer Geschwindigkeit muss der Anstellwinkel vergrößert werden, um denselben Auftrieb zu erhalten.

Abreißwinkel
Bei ungefähr 14 Grad wird die Luftströmung über dem Flügel turbulent und reißt ab. Der Pilot spricht dann von Überziehen.

32

Rumpf
Im Rumpf des Flugzeugs finden Cockpit und Motor Platz. Der Rumpf ist stromlinienförmig ausgebildet, um den Luftwiderstand möglichst gering zu halten.

Steuerknüppel
Bewegt der Pilot das Steuer vor- und rückwärts, dann betätigt er das Höhenruder. Mit seitlichen Bewegungen betätigt er die Querruder.

Propeller
Die Flügel des Propellers sind wie Tragflächen geformt. Sie erzeugen mit ihrer Drehung den Vortrieb.

Pedale
Mit Pedalen steuert der Pilot die Seitenruder und Radbremsen.

Die Ruder
Der Pilot steuert die Querruder, die Höhenruder und das Seitenruder mit Hilfe des Steuerknüppels und der Pedale. Mit diesen drei Rudern kann das Flugzeug Bewegungen um seine Längsachse, Querachse und Hochachse durchführen.

Seitenruder nach rechts

Rechtskurve
Das linke Querruder schaut nach unten, das rechte nach oben. Gleichzeitig ist das Seitenruder nach rechts verschoben. Dadurch fliegt das Flugzeug eine Rechtskurve. Die seitliche Bewegung, die mit dem Seitenruder allein erreicht wird, heißt „Gieren".

KLAPPEN
Beim Landen spreizen die Vögel ihre Federn und verändern so die Flügelform. Piloten tun im Prinzip dasselbe, wenn sie die Klappen an den hinteren Enden der Tragflächen ausfahren. Diese erzeugen zusätzlichen Vortrieb und erlauben es großen Flugzeugen, mit geringer Geschwindigkeit zu landen und zu starten.

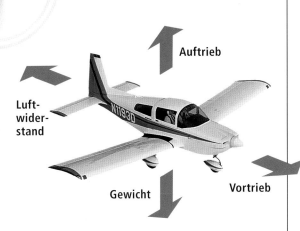

Auftrieb

Luftwiderstand

Gewicht

Vortrieb

Vier Kräfte wirken ein
Wenn ein Flugzeug mit konstanter Geschwindigkeit und Höhe geradeaus fliegt, halten sich Auftrieb und Gewicht die Waage. Der Vortrieb muss aber größer sein als der Luftwiderstand, weil das Flugzeug sonst nicht vorwärts kommt.

Zum Weiterlesen 6–7

Im Cockpit

Das Steuerzentrum des Flugzeugs ist das Cockpit. Es ist voller Schalter, Instrumente und Computer. Der erste Motorflieger, Orville Wright, hatte nichts von alldem. Er lag auf den unteren Flügeln und schaute zum Horizont, um die Position seines Flugzeugs abschätzen zu können. Die ersten Piloten orientierten sich nach Merkmalen des Erdbodens, die sie auf Karten verzeichnet fanden. Heute brauchen Flugzeugführer den Boden nicht zu sehen. Sie verwenden Navigationssysteme, die mit mehreren Satelliten in Verbindung stehen, während der computergesteuerte Autopilot das Flugzeug viel genauer fliegt, als es ein Mensch jemals tun könnte. Die modernsten Anzeigen verfügen über Bildschirme und Displays, die dem Piloten jegliche Information liefern.

Leistungshebel
Mit acht Hebeln steuert der Pilot die acht Motoren eines riesigen *B-52*-Bombers.

Blick in die Pilotenkanzel
Die englischen *Spitfires* spielten bei den Luftkämpfen des Zweiten Weltkrieges eine große Rolle. Die Instrumente und Schalter in diesem *Spitfire*-Cockpit ähneln denen von modernen kleinen Flugzeugen.

Boeing 747

Die Besatzung dieses Flugzeugs sitzt in einem großzügigen Cockpit und hat Computer sowie bis zu 971 leicht abzulesende Instrumente vor sich.

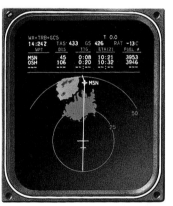

Navigationsbildschirm

Der Bildschirm zeigt die Lage des Flugzeugs auf einem Radarbild des Bodens. Außerdem sind die Geschwindigkeit des Flugzeugs, der Treibstoffverbrauch sowie Zeit und Entfernung zur nächsten Position auf der Flugroute angegeben.

Blindfluganzeige

In modernen Flugzeugen sind alle Anzeigen, die man für den Blindflug benötigt, auf diesem einzigen Bildschirm vereinigt. Er ersetzt damit die ganze Instrumententafel früherer Flugzeuge.

Flughäfen

Die ersten Flugplätze bestanden meist nur aus einem großen, grasbewachsenen Feld. Darauf standen ein paar kleine Gebäude, ein Hangar und ein drehbarer Suchscheinwerfer, der den Piloten bei schlechtem Wetter den Weg wies. Heute sind große Verkehrsflughäfen fast kleine Städte, umgeben von Rollbahnen sowie von Start- und Landebahnen. Diese können über 4 km lang sein. Der Flughafen mit dem meisten Flugverkehr der Welt ist der O'Hare Airport in Chicago. Auf ihm landen und starten täglich über 2000 Flugzeuge. Den Strom der an- und abfliegenden Maschinen lenken die Fluglotsen im Tower an den Radarschirmen. Dieses Flugaufkommen bedeutet auch, dass Tag für Tag fast 200 000 Passagiere und riesige Mengen an Gepäck abgefertigt werden müssen. Das Bodenpersonal, das die Maschinen wartet und für die Sicherheit sorgt, hat mehr als genug zu tun.

Ein Labyrinth
Damit der Luftverkehr ungehindert fließt, haben Flughäfen mit hohem Flugaufkommen wie der San Francisco International Airport ein Netz von Rollbahnen, Start- und Landebahnen.

Warteschleife
Bis zur Landeerlaubnis drehen Flugzeuge Schleifen in vorgeschriebener Höhe.

Kontrollturm
Vom Tower aus hat man eine sehr gute Übersicht über den Flughafen und den darüber liegenden Luftraum. Die Fluglotsen steuern die Bewegungen aller Flugzeuge auf dem Boden und im Luftraum in der Nähe des Flughafens.

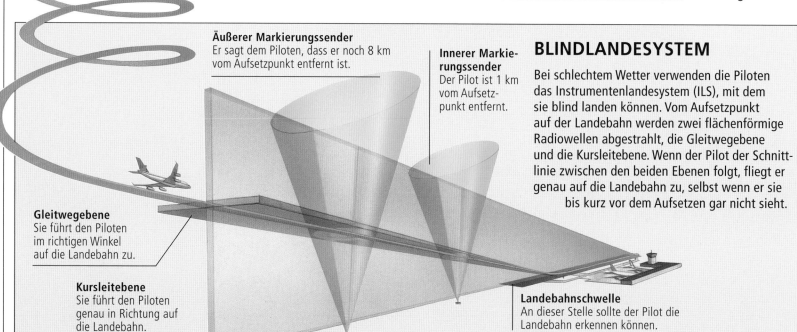

Äußerer Markierungssender
Er sagt dem Piloten, dass er noch 8 km vom Aufsetzpunkt entfernt ist.

Innerer Markierungssender
Der Pilot ist 1 km vom Aufsetzpunkt entfernt.

BLINDLANDESYSTEM

Bei schlechtem Wetter verwenden die Piloten das Instrumentenlandesystem (ILS), mit dem sie blind landen können. Vom Aufsetzpunkt auf der Landebahn werden zwei flächenförmige Radiowellen abgestrahlt, die Gleitwegebene und die Kursleitebene. Wenn der Pilot der Schnittlinie zwischen den beiden Ebenen folgt, fliegt er genau auf die Landebahn zu, selbst wenn er sie bis kurz vor dem Aufsetzen gar nicht sieht.

Gleitwegebene
Sie führt den Piloten im richtigen Winkel auf die Landebahn zu.

Kursleitebene
Sie führt den Piloten genau in Richtung auf die Landebahn.

Landebahnschwelle
An dieser Stelle sollte der Pilot die Landebahn erkennen können.

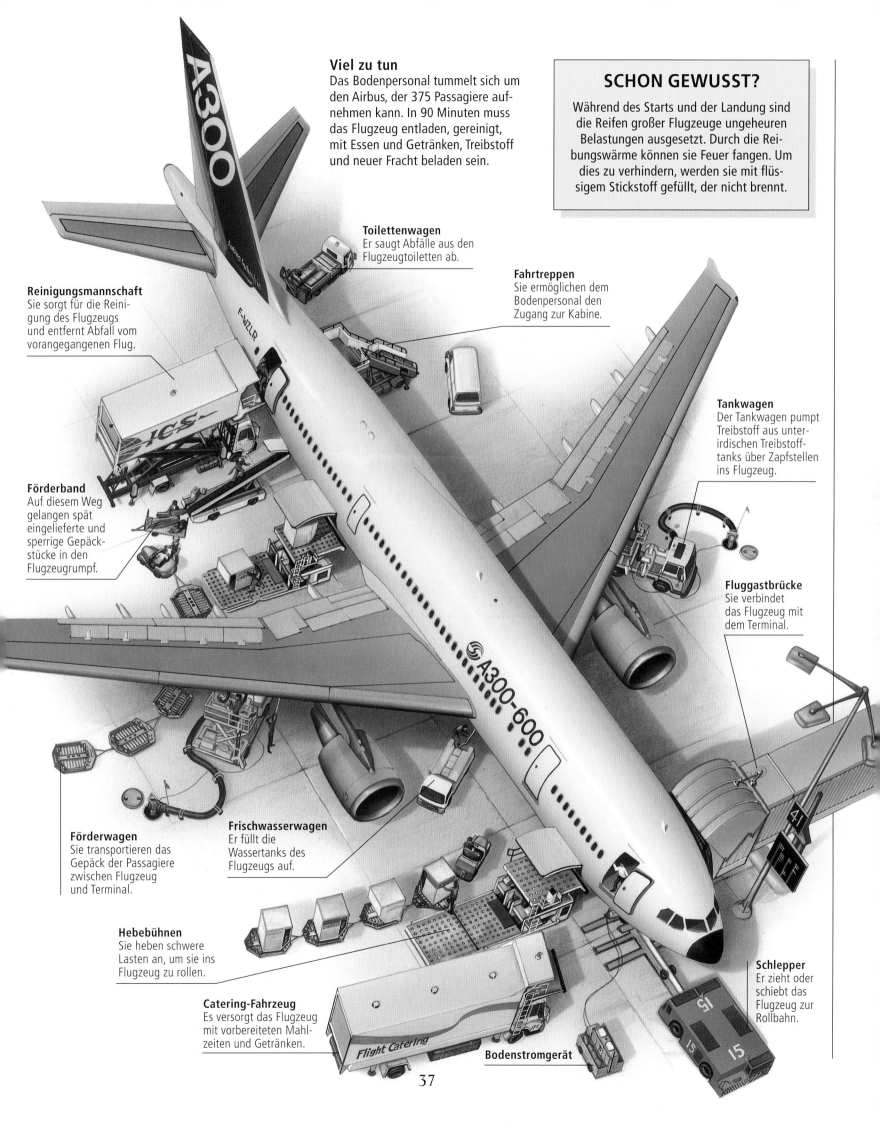

Viel zu tun
Das Bodenpersonal tummelt sich um den Airbus, der 375 Passagiere aufnehmen kann. In 90 Minuten muss das Flugzeug entladen, gereinigt, mit Essen und Getränken, Treibstoff und neuer Fracht beladen sein.

Toilettenwagen
Er saugt Abfälle aus den Flugzeugtoiletten ab.

Fahrtreppen
Sie ermöglichen dem Bodenpersonal den Zugang zur Kabine.

Reinigungsmannschaft
Sie sorgt für die Reinigung des Flugzeugs und entfernt Abfall vom vorangegangenen Flug.

Tankwagen
Der Tankwagen pumpt Treibstoff aus unterirdischen Treibstofftanks über Zapfstellen ins Flugzeug.

Förderband
Auf diesem Weg gelangen spät eingelieferte und sperrige Gepäckstücke in den Flugzeugrumpf.

Fluggastbrücke
Sie verbindet das Flugzeug mit dem Terminal.

Förderwagen
Sie transportieren das Gepäck der Passagiere zwischen Flugzeug und Terminal.

Frischwasserwagen
Er füllt die Wassertanks des Flugzeugs auf.

Hebebühnen
Sie heben schwere Lasten an, um sie ins Flugzeug zu rollen.

Schlepper
Er zieht oder schiebt das Flugzeug zur Rollbahn.

Catering-Fahrzeug
Es versorgt das Flugzeug mit vorbereiteten Mahlzeiten und Getränken.

Bodenstromgerät

Luftschiffe

Das erste Luftschiff war ein wurstförmiger Ballon, den der Franzose Henri Giffard 1852 baute. Es hatte eine kleine Dampfmaschine und ein Seitenruder. Das Luftschiff legte eine Strecke von 27 km zurück, doch die Motorleistung reichte nicht aus, um gegen den Wind anzukommen. Im Jahr 1900 baute Ferdinand Graf Zeppelin das erste Starrluftschiff. Es war länger als ein Fußballfeld und besaß ein leichtes Innengerüst mit großen Gaszellen. Diese waren mit Wasserstoff, einem hochentzündlichen Gas, gefüllt. Von 1910 bis 1913 beförderte die Zeppelinflotte über 30 000 Passagiere. Nach dem Ersten Weltkrieg ging es sogar über den Atlantik nach Nord- und Südamerika. Im Jahr 1937 explodierte die *Hindenburg* bei der Landung in Lakehurst in Nordamerika. Dieses Unglück bedeutete das vorläufige Ende für die Luftschifffahrt. Seit einigen Jahren konstruieren Ingenieure wieder Luftschiffe, z. B. den *Zeppelin NT* oder den *CargoLifter*. Die modernen Luftschiffe sollen im Tourismus und für Schwertransporte eingesetzt werden.

Ein dramatisches Ende

Bei einem Landemanöver in Lakehurst in New Jersey in den Vereinigten Staaten fing die *Hindenburg* durch elektrische Aufladung Feuer und brannte innerhalb weniger Sekunden lichterloh. Erstaunlicherweise wurden 62 von den 97 Personen an Bord gerettet.

Stilvolles Reisen

Die *Graf Zeppelin*, das erfolgreichste Luftschiff aller Zeiten, besaß fünf Motoren und erreichte eine Geschwindigkeit von 128 km/h.

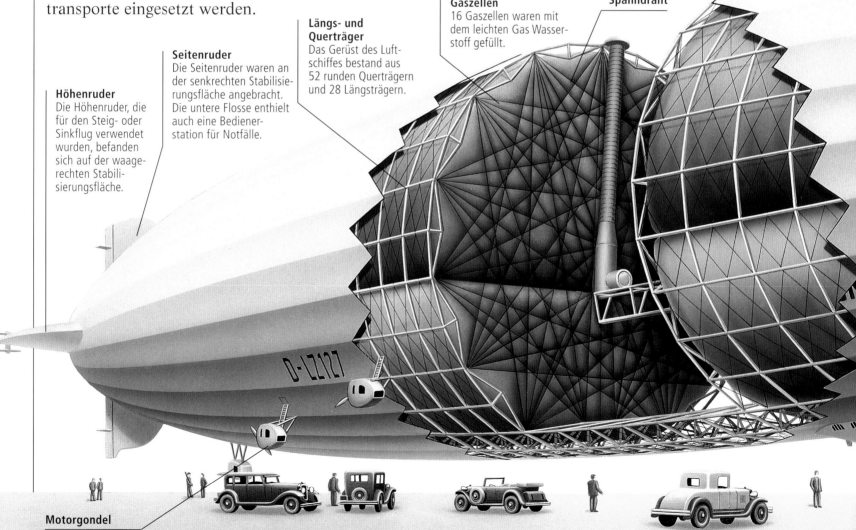

Gaszellen
16 Gaszellen waren mit dem leichten Gas Wasserstoff gefüllt.

Spanndraht

Längs- und Querträger
Das Gerüst des Luftschiffes bestand aus 52 runden Querträgern und 28 Längsträgern.

Seitenruder
Die Seitenruder waren an der senkrechten Stabilisierungsfläche angebracht. Die untere Flosse enthielt auch eine Bedienerstation für Notfälle.

Höhenruder
Die Höhenruder, die für den Steig- oder Sinkflug verwendet wurden, befanden sich auf der waagerechten Stabilisierungsfläche.

Motorgondel

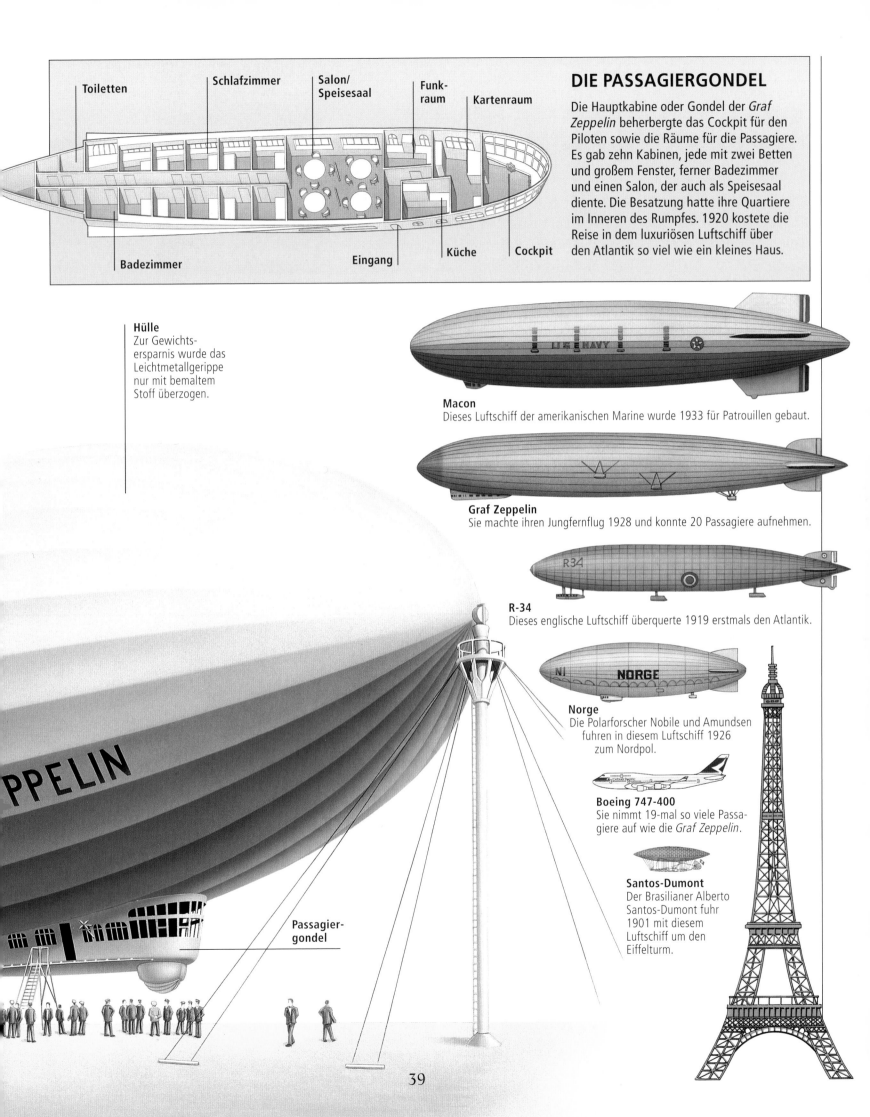

Toiletten

Schlafzimmer

Salon/
Speisesaal

Funk-
raum

Kartenraum

Badezimmer

Eingang

Küche

Cockpit

DIE PASSAGIERGONDEL

Die Hauptkabine oder Gondel der *Graf Zeppelin* beherbergte das Cockpit für den Piloten sowie die Räume für die Passagiere. Es gab zehn Kabinen, jede mit zwei Betten und großem Fenster, ferner Badezimmer und einen Salon, der auch als Speisesaal diente. Die Besatzung hatte ihre Quartiere im Inneren des Rumpfes. 1920 kostete die Reise in dem luxuriösen Luftschiff über den Atlantik so viel wie ein kleines Haus.

Hülle
Zur Gewichts-
ersparnis wurde das
Leichtmetallgerippe
nur mit bemaltem
Stoff überzogen.

Macon
Dieses Luftschiff der amerikanischen Marine wurde 1933 für Patrouillen gebaut.

Graf Zeppelin
Sie machte ihren Jungfernflug 1928 und konnte 20 Passagiere aufnehmen.

R-34
Dieses englische Luftschiff überquerte 1919 erstmals den Atlantik.

Norge
Die Polarforscher Nobile und Amundsen fuhren in diesem Luftschiff 1926 zum Nordpol.

Boeing 747-400
Sie nimmt 19-mal so viele Passagiere auf wie die *Graf Zeppelin*.

Santos-Dumont
Der Brasilianer Alberto Santos-Dumont fuhr 1901 mit diesem Luftschiff um den Eiffelturm.

Passagier-
gondel

Wasserflugzeuge

Die 30er-Jahre waren die große Zeit der Wasserflugzeuge. Damals galten die Motoren noch als unzuverlässig und die Menschen glaubten, diese Flugzeuge wären sicherer. Die luxuriösen Flugboote, die bald mit den Passagierschiffen in Konkurrenz traten, ermöglichten schnelle Reisen von Kontinent zu Kontinent. Allerdings war ein solcher Flug nicht gerade billig. Viele Fluglinien boten ihre Dienste auch außerhalb von Europa und Nordamerika an. Die *Boeing 314 Clipper* war das größte Flugzeug in jener Zeit. Es konnte 74 Passagiere und eine achtköpfige Besatzung aufnehmen und hatte 40 Liegeplätze. Nach dem Zweiten Weltkrieg verloren die großen Flugboote ihre Bedeutung, da die Landflugzeuge nun viel besser waren und es überall auf der Welt Flugplätze gab. Wasserflugzeuge erfüllen heute meistens spezielle Funktionen zum Beispiel als Lösch- oder Seenotflugzeuge.

Zu Wasser und in der Luft
Die Fluglinie Pan Am nannte ihre Flugboote „Clipper" nach den schnellen Segelschiffen, die ein Jahrhundert zuvor die Meere befahren hatten.

Salon und Speisesaal
Während der Mahlzeiten wurde der Salon zu einem Restaurant, in dem Kellner servierten.

Motoren
600-PS-Doppel-Sternmotoren

Zugang zu den Flüg
Der Flugingenieur konnte hier kleinere Reparaturen während des Fluges durchführe

Funker

Komfort
Die große *Boeing 314* besaß vier Motoren und konnte mit einer Geschwindigkeit von 280 km/h fliegen. Sie hatte eine Reichweite von 5600 km.

Anker
Wenn es keine Anlegestelle gab, wurde ein Schiffsanker verwendet.

Küche
Die Mahlzeiten wurden an Bord gekocht. Heute werden sie in der Mikrowelle nur aufgewärmt.

Schwimmer
Sie stabilisierten das Flugzeug auf dem Wasser und dienten auch als Treibstofftanks.

Ein Misserfolg
Das neunflügelige Flugboot *Caproni Noviplano* sollte 100 Passagiere transportieren. Stattdessen fiel es beim ersten Testflug 1921 vom Himmel.

Wasserflugzeuge

Amphibienflugzeug
Es hat ein einziehbares Fahrwerk und kann auf dem Land und auf dem Wasser starten.

Schwimmflugzeug
Es operiert nur vom Wasser aus und hat dazu Schwimmer.

Flugboot
Der große Rumpf ist wie der eines Bootes geformt.

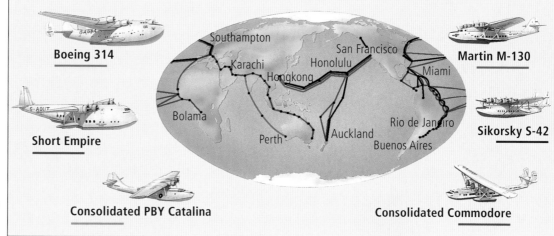

WELTWEITE REISEN

Flugboote flogen als Erste quer über die Ozeane. Vorreiterin war in der Mitte der 30er-Jahre die amerikanische Fluglinie Pan Am. Ihre *Commodore* und die *S-42* flogen nach Südamerika, während die *Martin M-130* den Pazifik überquerte. 1939 flog die *Short Empire* zwischen England und Australien. 1939 wurde die *Boeing 314* „Yankee Clipper" auf Transatlantikflügen eingesetzt. Die *Catalina* fand im Zweiten Weltkrieg Verwendung.

Boeing 314

Short Empire

Consolidated PBY Catalina

Southampton
Karachi
Hongkong
Bolama
Perth
San Francisco
Honolulu
Auckland
Miami
Rio de Janeiro
Buenos Aires

Martin M-130

Sikorsky S-42

Consolidated Commodore

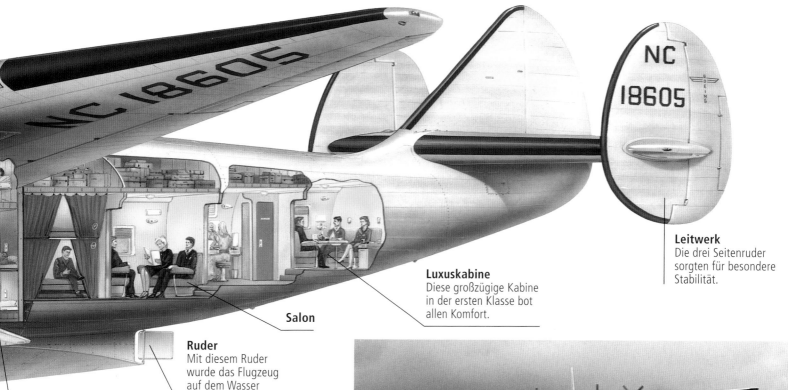

Leitwerk
Die drei Seitenruder sorgten für besondere Stabilität.

Luxuskabine
Diese großzügige Kabine in der ersten Klasse bot allen Komfort.

Salon

Ruder
Mit diesem Ruder wurde das Flugzeug auf dem Wasser gesteuert.

Kabine
Die Kabinen ließen sich durch heruntergeklappte Betten in Schlafquartiere umwandeln.

Eine wichtige Funktion
Dieses *Martin-Mars-Flugboot* wird heute verwendet, um Waldbrände zu bekämpfen. Es fliegt die Wasserfläche entlang und nimmt dabei 275 000 Liter Wasser auf.

41

1919 Junkers F13
Das erste Flugzeug ganz aus Metall. Es hatte 4 Sitze und erreichte 168 km/h.

1925 Fokker VIIA-3M
Dieses achtsitzige Flugzeug hatte als eines der ersten drei Motoren und erreichte 185 km/h.

1933 Boeing 247D
Das erste stromlinienförmige Flugzeug mit einziehbarem Fahrwerk konnte 10 Passagiere bei 320 km/h befördern.

1936 Short Empire
Dieses Flugboot bediente die Strecke England-Australien. Es hatte 24 Sitze und flog 320 km/h.

Landung im Busch
Die Bewohner der Stadt Winton im australischen Busch eilen zum Weltkriegs-Doppeldecker *BE2*, den die Fluglinie Quantas 1922 einsetzte.

Fluggepäckkontrolle
Zur Sicherheit wird das Gepäck der Passagiere vor dem Verladen strengen Sicherheitskontrollen unterzogen. Dabei werden auch Schusswaffen wie die Pistole in diesem Koffer entdeckt.

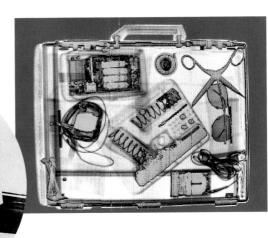

Lockheed Electra
Dieses Kurzstreckenflugzeug nahm 1934 seinen Dienst auf und konnte 12 Passagiere befördern.

Flugbegleiterinnen
Im Jahr 1930 stellte die Fluglinie United Airlines die ersten Stewardessen ein. Sie waren alle Krankenschwestern und unter 25 Jahre alt.

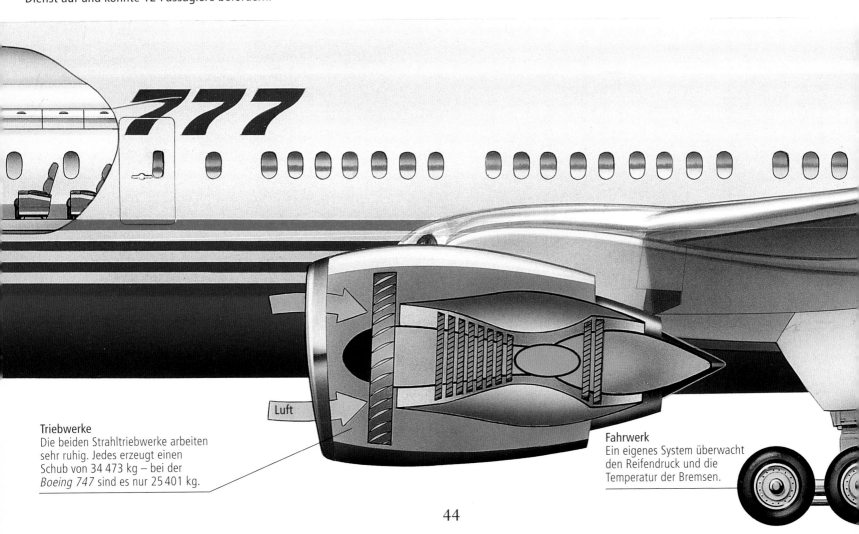

Triebwerke
Die beiden Strahltriebwerke arbeiten sehr ruhig. Jedes erzeugt einen Schub von 34 473 kg – bei der *Boeing 747* sind es nur 25 401 kg.

Luft

Fahrwerk
Ein eigenes System überwacht den Reifendruck und die Temperatur der Bremsen.

Passagierflugzeuge

Heute ist es eine Selbstverständlichkeit, für längere Strecken das Flugzeug zu benutzen. Eine *Boeing 747-400* befördert bis zu 400 Passagiere im Nonstopflug über den Pazifik. Das erste Linienflugzeug jedoch war ein kleines Flugboot, in dem höchstens zwei Passagiere Platz fanden. Im Jahr 1914 nahm es den Dienst zwischen St. Petersburg und Tampa in Florida auf. In den frühen 20er-Jahren baute man die Bomber aus dem Ersten Weltkrieg zu Passagierflugzeugen um. Doch bald gab es eigene Verkehrsflugzeuge wie die *Junkers F13* und die *Fokker VIIA-3M*. In den 30er-Jahren bauten die Amerikaner schnelle, bequeme Passagierflugzeuge ganz aus Metall, etwa die *DC-3*. 1952 nahm der erste Passagierjet, eine englische *de Havilland Comet*, den Liniendienst auf. Bald darauf flog die *Boeing 707* überall auf der Welt. Flugreisen wurden nun billiger und immer beliebter. Im Jahr 1969 brachte die Firma Boeing den ersten Jumbojet, die *Boeing 747*, auf den Markt. Die *B-747* kann je nach Ausstattung 355 bis 550 Passagiere befördern. Der neue *Airbus A 380* soll bis zu 850 Sitze haben.

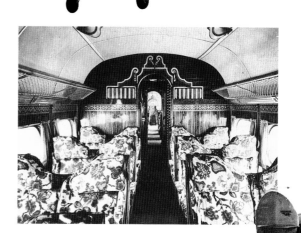

Propellerflug
Die *Douglas DC-3* (1936) war das erfolgreichste Passagierflugzeug mit Propellerantrieb. Davon wurden über 13 000 Stück gebaut, rund 1000 fliegen heute noch.

Ein Flugzeug mit Armlehnen
Die Kabine dieser *Heracles* sollte genauso luxuriös und komfortabel sein wie ein Eisenbahnabteil erster Klasse.

Boeing 777
Dieses schlanke zweimotorige Verkehrsflugzeug kam 1997 auf den Markt. Es kann bis zu 440 Passagiere aufnehmen, verbraucht weniger Treibstoff und ist leiser als die *B-747*.

Frontscheibe
Eine wasserabstoßende Beschichtung verbessert die Sichtverhältnisse bei Regen.

Klimaanlage
Die Luft in der Kabine wird dauernd mit Frischluft angereichert.

Erste-Klasse-Sitze
Durch Knopfdruck kann der Passagier den Sitz verstellen, die Lehne zurückklappen und eine Fußstütze ausfahren.

Ein Zwitter

1925 entwarf Juan de la Cierva den Autogiro, ein Mittelding zwischen Flugzeug und Hubschrauber. Der Autogiro konnte zwar nicht in der Luft stehen bleiben, aber extrem langsam fliegen.

Hubschrauber

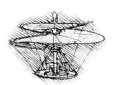

Hubschrauber können vorwärts, rückwärts und seitwärts fliegen, in der Luft stehen bleiben und auf kleinsten Flächen landen. Sie haben viele Vorteile im Vergleich zu normalen Flugzeugen. Die erste Idee zu einem solchen Fluggerät hatte schon Leonardo da Vinci (1452–1519). Sein „Hubschrauber" war eine Art Luftschraube. 400 Jahre später flog Paul Cornu als Erster in einem Helikopter. In den 30er-Jahren wurden auch in Deutschland erfolgreiche Hubschrauber mit zwei Hauptrotoren gebaut. Nach dem Zweiten Weltkrieg konstruierte der Amerikaner Igor Sikorsky den heute üblichen Hubschrauber mit einem Hauptrotor und einem Hilfsrotor am Heck. Hubschrauber sind inzwischen ein Teil unseres Lebens geworden. Man verwendet sie für die Überwachung des Verkehrs, den Krankentransport, die Rettung von Schiffbrüchigen, die Verfolgung von Verbrechern und bei der Bergwacht.

Rettung aus Seenot

Der Pilot lässt diese *Bell JetRanger* an Ort und Stelle schweben, während ein Helfer einen verunglückten Segler mit der Winde an Bord hievt. Das Schweben ist ein ziemlich schwieriges Manöver, besonders bei starkem Wind.

Steuerknüppel

Mit dem Steuerknüppel kippt der Pilot den Rotor und wählt dadurch die Flugrichtung.

Blattverstellhebel

Mit diesem Hebel verändert der Pilot den Anstellwinkel der Rotorblätter. Dadurch kann der Hubschrauber steigen oder sinken.

Der große Augenblick

Im Jahr 1907 schwebte der Franzose Paul Cornu 20 Sekunden lang in 30 cm Höhe in der Luft. Seine Maschine brach jedoch bei der harten Landung auseinander.

Seitensteuerpedale

Mit Seitensteuerpedalen am Heckmotor ändert man den Seitenschub.

Ein Pionier

Igor Sikorsky am Steuer seiner *VS-300*. Dies war der erste wirklich einsetzbare Hubschrauber.

Hauptrotor
Der Hauptrotor besteht aus sich drehenden Tragflächen, die den Auftrieb erzeugen.

Heckrotor
Der Heckrotor verhindert, dass sich der Hubschrauber um die eigene Hochachse dreht.

Rettungswinde
Mit dieser elektrisch betriebenen Winde hievt man Verunglückte an Bord.

WIE EIN HUBSCHRAUBER FLIEGT

Der Hauptrotor erzeugt durch sein Tragflächenprofil den Auftrieb und dient der Steuerung. Er ist mit dem Steuerknüppel und dem Blattverstellhebel verbunden. Mit den Seitensteuerpedalen verändert der Pilot den Anstellwinkel des Heckrotors. Er trägt zur Steuerung bei und verhindert, dass sich der Hubschrauber dreht.

Steigflug
Der Pilot hebt den Blattverstellhebel an. Dadurch vergrößert sich der Anstellwinkel der Rotorblätter, bis der Auftrieb größer ist als das Gewicht des Hubschraubers.

Sinkflug
Der Pilot senkt den Blattverstellhebel. Der Anstellwinkel der Rotorblätter wird flacher, bis der Auftrieb geringer ist als das Gewicht des Hubschraubers.

Vorwärtsflug
Der Pilot schiebt den Steuerknüppel nach vorne. Die Taumelscheibe kippt nach vorne, sodass insgesamt ein Vortrieb zu Stande kommt.

Seitwärtsflug
Der Pilot bewegt den Steuerknüppel zur Seite. Die Taumelscheibe bewegt sich in die entsprechende Richtung, sodass die Rotoren eine seitwärts gerichtete Kraft erzeugen.

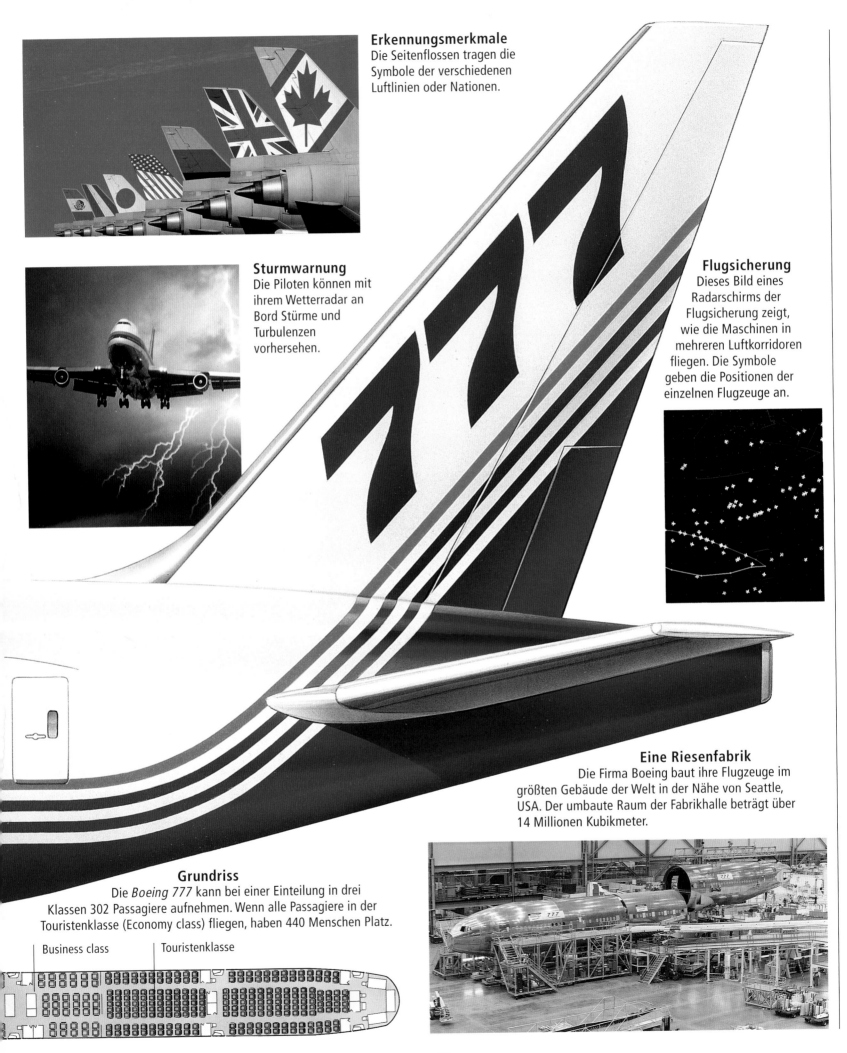

Erkennungsmerkmale
Die Seitenflossen tragen die Symbole der verschiedenen Luftlinien oder Nationen.

Sturmwarnung
Die Piloten können mit ihrem Wetterradar an Bord Stürme und Turbulenzen vorhersehen.

Flugsicherung
Dieses Bild eines Radarschirms der Flugsicherung zeigt, wie die Maschinen in mehreren Luftkorridoren fliegen. Die Symbole geben die Positionen der einzelnen Flugzeuge an.

Eine Riesenfabrik
Die Firma Boeing baut ihre Flugzeuge im größten Gebäude der Welt in der Nähe von Seattle, USA. Der umbaute Raum der Fabrikhalle beträgt über 14 Millionen Kubikmeter.

Grundriss
Die *Boeing 777* kann bei einer Einteilung in drei Klassen 302 Passagiere aufnehmen. Wenn alle Passagiere in der Touristenklasse (Economy class) fliegen, haben 440 Menschen Platz.

Business class   Touristenklasse

46

1934 Lockheed Constellation
Das beste von Kolbenmotoren angetriebene Flugzeug. Es hatte 54 Sitze und erreichte 450 km/h.

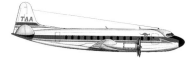

1948 Vickers Viscount
Das erste Verkehrsflugzeug mit einer Turboprop-Maschine. Es hatte 47 Sitze und erreichte 506 km/h.

1949 de Havilland Comet 1
Das erste Passagierflugzeug mit Strahltriebwerken. Es hatte 44 Sitze und reiste mit 748 km/h.

1957 Boeing 707-120
Das erfolgreichste Linienflugzeug vor dem Jumbojet. Es beförderte 143 Passagiere mit 906 km/h.

B-767

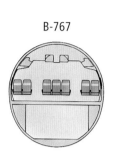

B-777

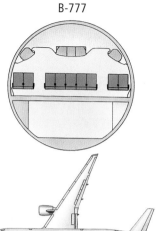

B-747

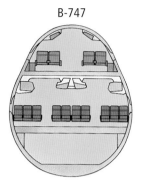

Großraumflugzeuge
Großraumjets wie die *Boeing 777* und *747* können mehr Ladung aufnehmen als die schmale *B-767*. Um mehr Platz für Passagiere zu bekommen, ist es besser, den Rumpf zu verbreitern als ihn zu verlängern. Der breitere Rumpf hat keine Auswirkungen auf die Stabilität des Flugzeugs.

Von oben gesehen
Die *B-777* ist kleiner als die *B-747*. Sie hat weniger Motoren und fliegt ruhiger als die *B-747*.

LUFTKORRIDORE

Ein System unsichtbarer Bahnen in der Luft hilft mit, die Flugbewegungen zu kontrollieren. Die Korridore sind auf Flugstreckenkarten verzeichnet. Entfernungen gibt man in Seemeilen (sm), Höhen in Fuß (ft) an. Flugzeuge in gleicher Höhe müssen in einem Abstand von 60 sm (111 km) aneinander vorbeifliegen. Fliegen sie in derselben Richtung und Höhe, müssen sie 80 sm (148 km) Abstand halten. Bei gleicher Flugrichtung, aber unterschiedlichen Höhen, müssen Flugzeuge 4000 ft (1219 m) voneinander entfernt sein. Bei entgegengesetzter Flugrichtung in Höhen über 30 000 ft (9144 m) beträgt der Abstand 2000 ft (610 m).

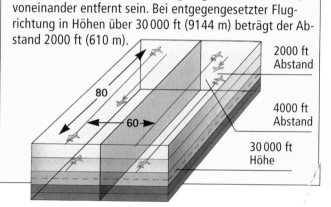

2000 ft Abstand

4000 ft Abstand

30 000 ft Höhe

80

60

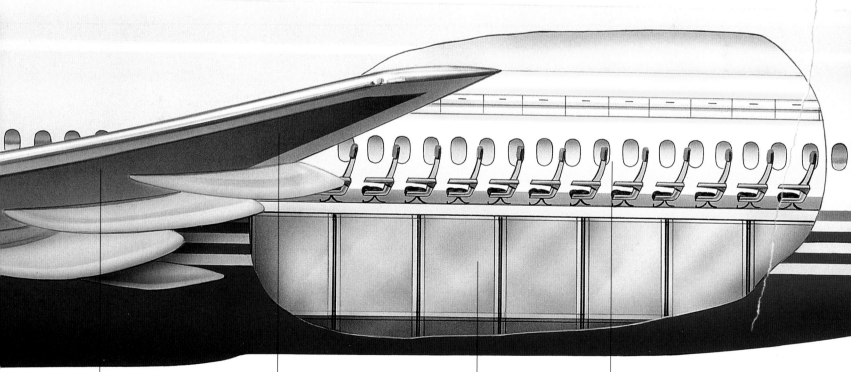

Treibstofftanks
Die Tanks der *B-777* fassen 117 335 Liter Flugbenzin.

Ein Flügelknick
Die *B-777* kann auch überfüllte Flugplätze nutzen, weil der Pilot auf dem Boden 7 m von der Flügelspitze einklappen kann.

Frachtraum
Auf langen Flügen kann ein Teil des Frachtraums in einen Aufenthaltsraum mit Liegeplätzen für die Besatzung umgewandelt werden.

Touristenklasse

Erste Klasse

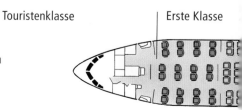

45

Flugeinsätze

Die ersten Piloten waren sehr erfinderisch, wenn es darum ging, die neuen Flugmaschinen zu nutzen. Der Franzose Henri Pequet eröffnete 1911 einen Postdienst in Indien. Zwei Wochen darauf wurden in Frankreich, Italien und den USA ähnliche Unternehmen gegründet. Während des Ersten Weltkrieges baute eine französische Gesellschaft einen riesigen Doppeldecker, der einen mobilen Operationssaal enthielt. Das Flugzeug landete mitten auf den Schlachtfeldern. An Bord waren Chirurgen und Krankenschwestern, die Notoperationen durchführten. Bereits 1924 begann man in den USA damit, Getreidefelder vom Flugzeug aus mit Pflanzenschutzmitteln zu besprühen. Als in Neuguinea Goldminen abgebaut wurden, sorgten Buschpiloten für den Nachschub. Sie landeten mit *Junkers*-Eindeckern auf schmalen Pisten, die in den Regenwald geschlagen wurden. Die Einsatzmöglichkeiten moderner Flugzeuge sind nahezu unbegrenzt. Heute bekämpft man mit Flugzeugen Waldbrände, treibt Herden zusammen oder versorgt Katastrophengebiete aus der Luft.

Ein weiter Blick
Die langsam fliegende *Edgley EA 7 Optica* hat ein gläsernes Cockpit. Sie eignet sich gut für Suchflüge.

Beobachtung aus der Luft
Schnelle *Falcon*-Jets und andere besonders ausgerüstete Flugzeuge überwachen die Küsten Nordamerikas.

Schwebende Hirten
Mit Hubschraubern lassen sich Pferde- und Rinderherden leicht zusammentreiben.

Ein Lastesel
Die riesige *Hercules* ist das bekannteste Frachtflugzeug. Die große Klappe hinten erleichtert das Be- und Entladen. Sie kann während des Fluges geöffnet werden, um Nachschub an Fallschirmen abzuwerfen. Diese Maschine beliefert gerade ein Hungergebiet in Afrika mit Nahrungsmitteln.

FLIEGENDE ÄRZTE

Der „Royal-Flying-Doctor-Service" versorgt Familien, die im australischen Busch, dem Outback, leben. Die ersten fliegenden Ärzte verwendeten die langsamen *de-Havilland*-Doppeldecker mit offenem Cockpit. Heute fliegen die Ärzte mit zweimotorigen *Beech-King-Air*-Passagierflugzeugen mit einer Reisegeschwindigkeit von 442 km/h. Ärzte und Krankenschwestern stehen für Notfälle Tag und Nacht bereit. Ihr Einsatzgebiet umfasst 5 Millionen km² und sie sind in zwei Stunden an Ort und Stelle. Jede Siedlung im Busch und jedes einsame Haus hat ein Funkgerät, mit dem es die Ärzte erreichen kann. Als dieser Service 1928 den Dienst aufnahm, hatten die Funkgeräte noch fußbetriebene Generatoren.

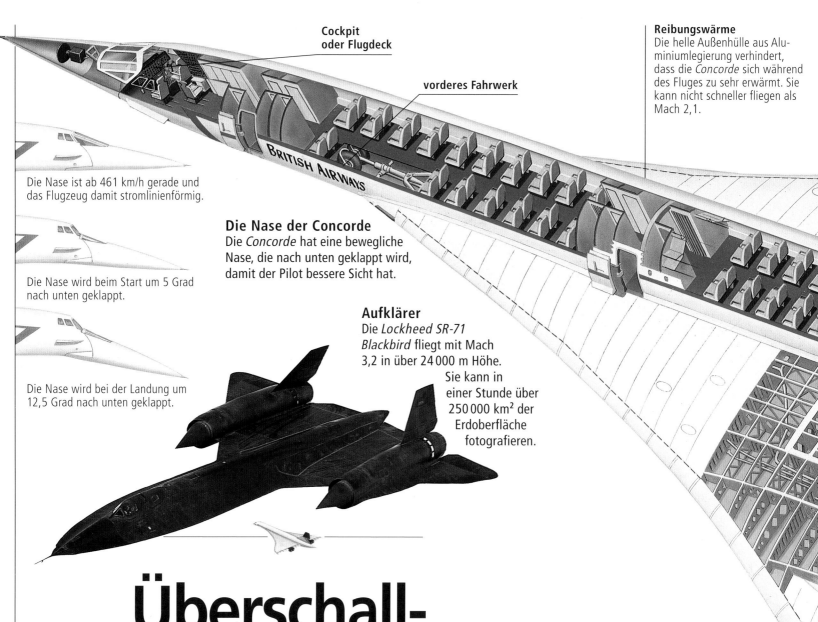

Cockpit oder Flugdeck

vorderes Fahrwerk

Reibungswärme
Die helle Außenhülle aus Aluminiumlegierung verhindert, dass die *Concorde* sich während des Fluges zu sehr erwärmt. Sie kann nicht schneller fliegen als Mach 2,1.

Die Nase ist ab 461 km/h gerade und das Flugzeug damit stromlinienförmig.

Die Nase wird beim Start um 5 Grad nach unten geklappt.

Die Nase wird bei der Landung um 12,5 Grad nach unten geklappt.

Die Nase der Concorde
Die *Concorde* hat eine bewegliche Nase, die nach unten geklappt wird, damit der Pilot bessere Sicht hat.

Aufklärer
Die *Lockheed SR-71 Blackbird* fliegt mit Mach 3,2 in über 24 000 m Höhe. Sie kann in einer Stunde über 250 000 km² der Erdoberfläche fotografieren.

Überschall-flugzeuge

In den 60er-Jahren des 20. Jahrhunderts entwickelten Frankreich und Großbritannien gemeinsam ein Passagierflugzeug, das mit Überschall fliegen konnte, die *Concorde*. Auch die Amerikaner begannen mit der Planung eines solchen Flugzeugs. Sie gaben ihr Vorhaben jedoch wieder auf, als die Kosten in die Höhe schnellten, und bauten stattdessen den Jumbojet. Die *Concorde* machte im März 1969 ihren Jungfernflug. Bereits zwei Monate zuvor besaß auch die Sowjetunion ein Überschallflugzeug, die *Tupolew 144*. Sie war etwas größer als die *Concorde* und wurde zunächst als Postflugzeug zwischen Moskau und Alma Ata eingesetzt. Nach einem Absturz auf einer Luftfahrtschau wurde die *Tupolew 144* aufgegeben. 1976 stellen British Airways und Air France 14 *Concordes* in Dienst, doch das Flugzeug war kein großer Erfolg. Es fasst nur 100 Passagiere, ist teuer im Unterhalt und darf wegen des Lärms in vielen Städten nicht landen.

Windkanal
Neue Flugzeuge testet man im Windkanal. Man simuliert dabei die Strömungsverhältnisse. Dieses Modell ist mit besonderer Farbe bemalt, die beim Flug auftretende Luftströmungen erkennen lässt.

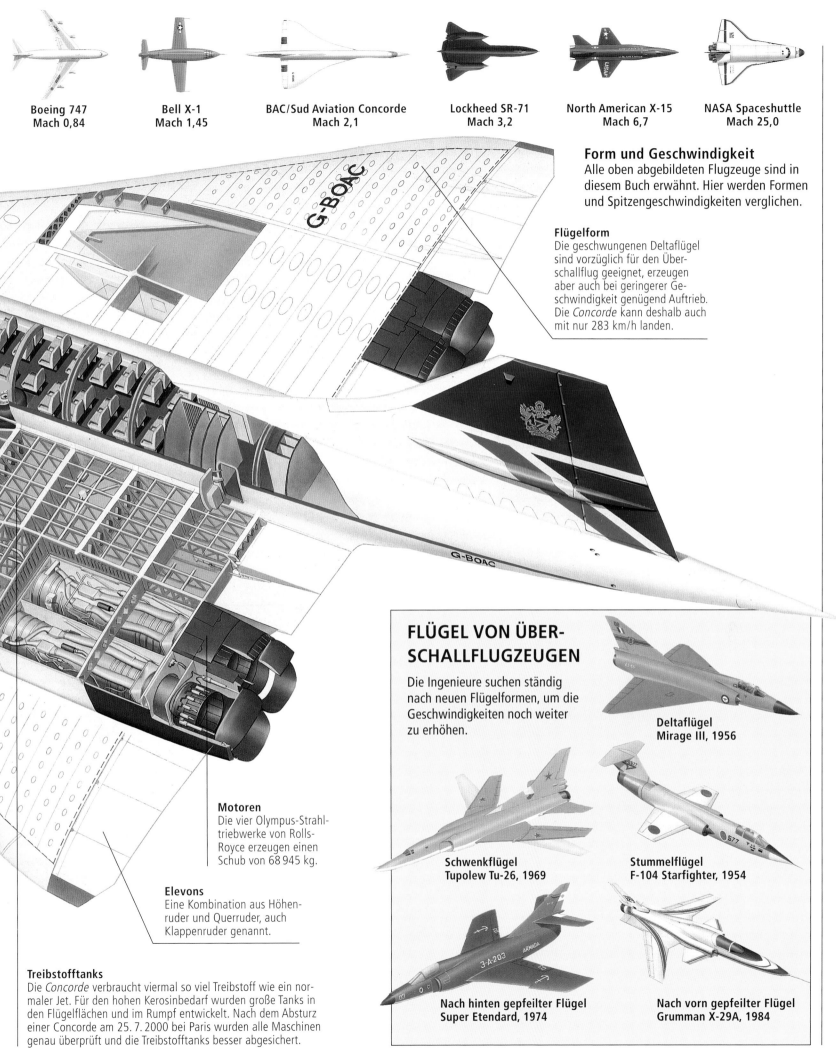

Boeing 747
Mach 0,84

Bell X-1
Mach 1,45

BAC/Sud Aviation Concorde
Mach 2,1

Lockheed SR-71
Mach 3,2

North American X-15
Mach 6,7

NASA Spaceshuttle
Mach 25,0

Form und Geschwindigkeit

Alle oben abgebildeten Flugzeuge sind in diesem Buch erwähnt. Hier werden Formen und Spitzengeschwindigkeiten verglichen.

Flügelform
Die geschwungenen Deltaflügel sind vorzüglich für den Überschallflug geeignet, erzeugen aber auch bei geringerer Geschwindigkeit genügend Auftrieb. Die *Concorde* kann deshalb auch mit nur 283 km/h landen.

Motoren
Die vier Olympus-Strahltriebwerke von Rolls-Royce erzeugen einen Schub von 68 945 kg.

Elevons
Eine Kombination aus Höhenruder und Querruder, auch Klappenruder genannt.

Treibstofftanks
Die *Concorde* verbraucht viermal so viel Treibstoff wie ein normaler Jet. Für den hohen Kerosinbedarf wurden große Tanks in den Flügelflächen und im Rumpf entwickelt. Nach dem Absturz einer Concorde am 25. 7. 2000 bei Paris wurden alle Maschinen genau überprüft und die Treibstofftanks besser abgesichert.

FLÜGEL VON ÜBER-SCHALLFLUGZEUGEN

Die Ingenieure suchen ständig nach neuen Flügelformen, um die Geschwindigkeiten noch weiter zu erhöhen.

Deltaflügel
Mirage III, 1956

Schwenkflügel
Tupolew Tu-26, 1969

Stummelflügel
F-104 Starfighter, 1954

Nach hinten gepfeilter Flügel
Super Etendard, 1974

Nach vorn gepfeilter Flügel
Grumman X-29A, 1984

51

Kampfflugzeuge

Der Krieg hat die Entwicklung der Flugzeuge beschleunigt. Zu Beginn des Ersten Weltkrieges erreichten die meisten Flugzeuge eine Höchstgeschwindigkeit von ungefähr 100 km/h und hatten eine Reichweite von 160 km. Die ersten Militärflugzeuge verwendete man nur zur Beobachtung. Doch bald wurden sie auch für den Kampf ausgerüstet. Gegen Ende des Krieges flogen Bomber schon Geschwindigkeiten von 240 km/h und bis zu 3220 km weit. Berühmte Jagdflugzeuge des Zweiten Weltkrieges waren die *Spitfire*, die *Mustang* und die *Messerschmitt 109*, unter den Bombern die *Flying Fortress* („Fliegende Festung") und die *Lancaster*. Düsengetriebene Jagdflugzeuge wurden erst später entwickelt. Heute sind die Militärflugzeuge mit Bordcomputern und Elektronik bestens ausgerüstet. Die meisten fliegen Überschallgeschwindigkeit.

Düsenausgang
Das hintere Ende der Triebwerke ist so gebaut, dass sich die Abgase gut verteilen. Damit ist das Flugzeug von infrarotgelenkten Raketen weniger bedroht.

Luft-Luft-Rakete
Heutige Kampfpiloten müssen den Feind nicht einmal mehr sehen. Sie zerstören andere Flugzeuge mit Raketen, die mit Hilfe von Infrarot elektronisch ins Ziel gebracht werden.

Nicht zu sehen
Der *F-117 A Stealth Fighter* von Lockheed erscheint auf keinem Radarschirm mehr. Die meisten Flugzeuge haben runde Formen. Hier sind sie flächig und wie ein Diamant facettiert und stark poliert. Damit lenken sie Radarstrahlen ab.

Rechtzeitiger Ausstieg
Der Pilot verlässt mit einem raketenbetriebenen Schleudersitz sein Flugzeug, das gerade explodiert. Augenblicke später öffnet sich ein Fallschirm und bringt ihn sicher auf den Boden.

1915 Deutsche Fokker E I Eindecker
Sie flog 128 km/h und hatte als erstes Flugzeug ein nach vorn schießendes Maschinengewehr.

1917 Französische Spad S. XIII
Den Doppeldecker flogen französische, amerikanische und englische Piloten. Er erreichte 208 km/h.

1917 Englische Handley Page 0/400
Dieser große Bomber konnte 906 kg Gewicht transportieren. Die Maschine flog mit 128 km/h.

1938 Englische Supermarine Spitfire
Während des Zweiten Weltkrieges wurden über 20 000 von diesem Flugzeug gebaut. Es flog mit 576 km/h.

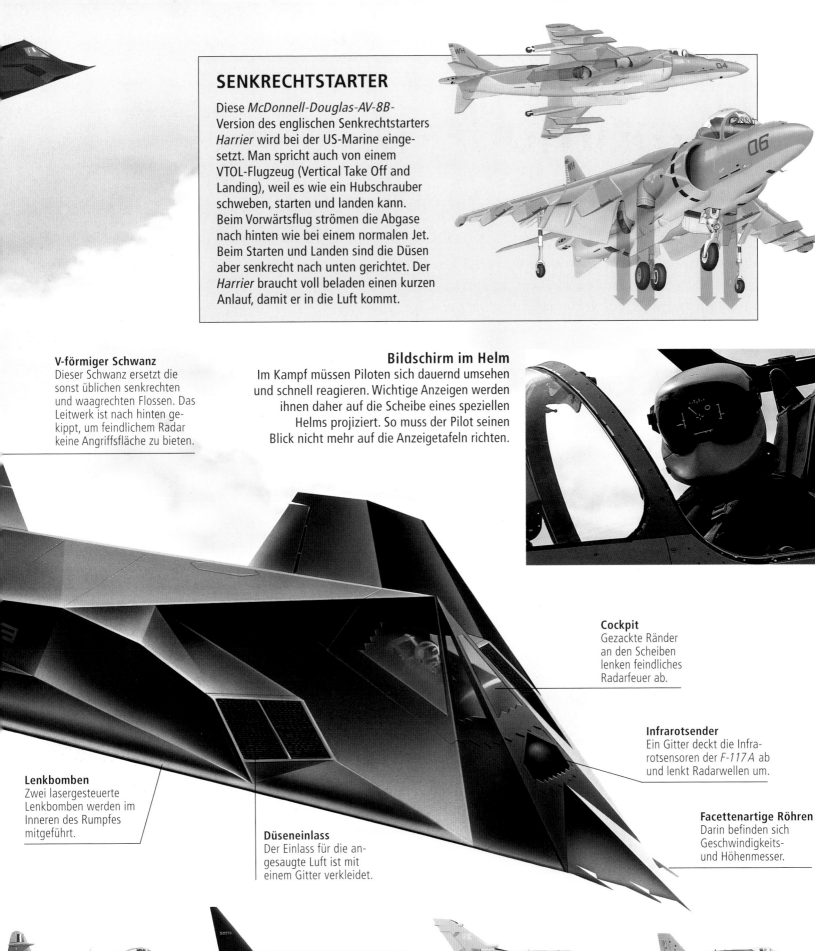

SENKRECHTSTARTER

Diese *McDonnell-Douglas-AV-8B-* Version des englischen Senkrechtstarters *Harrier* wird bei der US-Marine eingesetzt. Man spricht auch von einem VTOL-Flugzeug (Vertical Take Off and Landing), weil es wie ein Hubschrauber schweben, starten und landen kann. Beim Vorwärtsflug strömen die Abgase nach hinten wie bei einem normalen Jet. Beim Starten und Landen sind die Düsen aber senkrecht nach unten gerichtet. Der *Harrier* braucht voll beladen einen kurzen Anlauf, damit er in die Luft kommt.

V-förmiger Schwanz
Dieser Schwanz ersetzt die sonst üblichen senkrechten und waagrechten Flossen. Das Leitwerk ist nach hinten gekippt, um feindlichem Radar keine Angriffsfläche zu bieten.

Bildschirm im Helm
Im Kampf müssen Piloten sich dauernd umsehen und schnell reagieren. Wichtige Anzeigen werden ihnen daher auf die Scheibe eines speziellen Helms projiziert. So muss der Pilot seinen Blick nicht mehr auf die Anzeigetafeln richten.

Cockpit
Gezackte Ränder an den Scheiben lenken feindliches Radarfeuer ab.

Infrarotsender
Ein Gitter deckt die Infrarotsensoren der *F-117A* ab und lenkt Radarwellen um.

Lenkbomben
Zwei lasergesteuerte Lenkbomben werden im Inneren des Rumpfes mitgeführt.

Düseneinlass
Der Einlass für die angesaugte Luft ist mit einem Gitter verkleidet.

Facettenartige Röhren
Darin befinden sich Geschwindigkeits- und Höhenmesser.

1943 Englische Gloster Meteor
Das erste englische Jagdflugzeug mit zwei Strahltriebwerken erreichte eine Spitzengeschwindigkeit von 969 km/h.

1952 Amerikanische Boeing B-52 Stratofortress
Dieser Riesenbomber hatte acht Strahltriebwerke und konnte über 20 000 km weit und 960 km/h schnell fliegen.

1974 Deutscher, englischer und italienischer Panavia Tornado
Dieses von drei Nationen entwickelte Jagdflugzeug hatte verstellbare Flügel und erreichte 2333 km/h.

978 Amerikanische McDonnell Douglas F/A 18C Hornet
Dieses Flugzeug wird auch in Kanada, Australien, Spanien und Kuwait geflogen. Es erreicht 2124 km/h.

Flugzeugträger

Der erste und wahrscheinlich ungewöhnlichste Flugzeugträger war ein Kohleschiff. Es zog Beobachtungsballons während des amerikanischen Bürgerkrieges hinter sich her. Im Jahr 1910 startete der amerikanische Kunstflugpilot Eugene Ely mit einem *Curtiss*-Doppeldecker von einer Plattform des Kreuzers *Birmingham*. Den ersten echten Flugzeugträger bauten dann die Engländer während des Ersten Weltkrieges. Doch das Flugdeck auf dem Schiff war gefährlich. Die Piloten durften von dort nur starten und mussten bei der Rückkehr ihre Maschinen im Meer landen. Bereits im Zweiten Weltkrieg waren die Flugzeugträger wichtiger geworden als die großen Schlachtschiffe. Große Flugzeugträger können bis zu 100 Jagdflugzeuge transportieren. Moderne atomgetriebene Flugzeugträger sind heute die größten und leistungsstärksten Schiffe in einer Kriegsflotte.

Countdown
Das Flugzeug auf dem Flugzeugträger ist in Startposition. Die Katapult-Mannschaft mit ihren grünen Jacken steht bereit. Der Offizier, der eine gelbe Jacke trägt, gibt gerade das Signal zum Start.

Landeanflug
Die Piloten fliegen 8 km weite Kreise in unterschiedlicher Höhe, während sie auf die Landeerlaubnis warten. Wenn alle bereitstehenden Flugzeuge katapultiert sind, können sie bei freiem Deck landen.

Katapult-Start
Eine Rückhaltevorrichtung am Katapult verhindert, dass das Flugzeug mit laufenden Triebwerken vor dem eigentlichen Start nach vorne rollt.

Ablenkvorrichtung
Stahlwände lenken die Abgase von Deck weg.

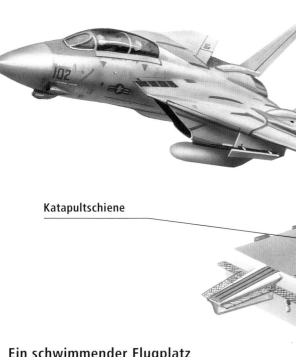

Katapultschiene

Ein schwimmender Flugplatz
Dieser Flugzeugträger hat vier Startkatapulte und ein Landedeck. Die Flugbewegungen dirigiert ein Offizier, der so genannte „Air Boss", vom Kontrollturm aus. Der Kapitän steuert den Flugzeugträger von der Schiffsbrücke aus.

Flugabwehrkanonen

54

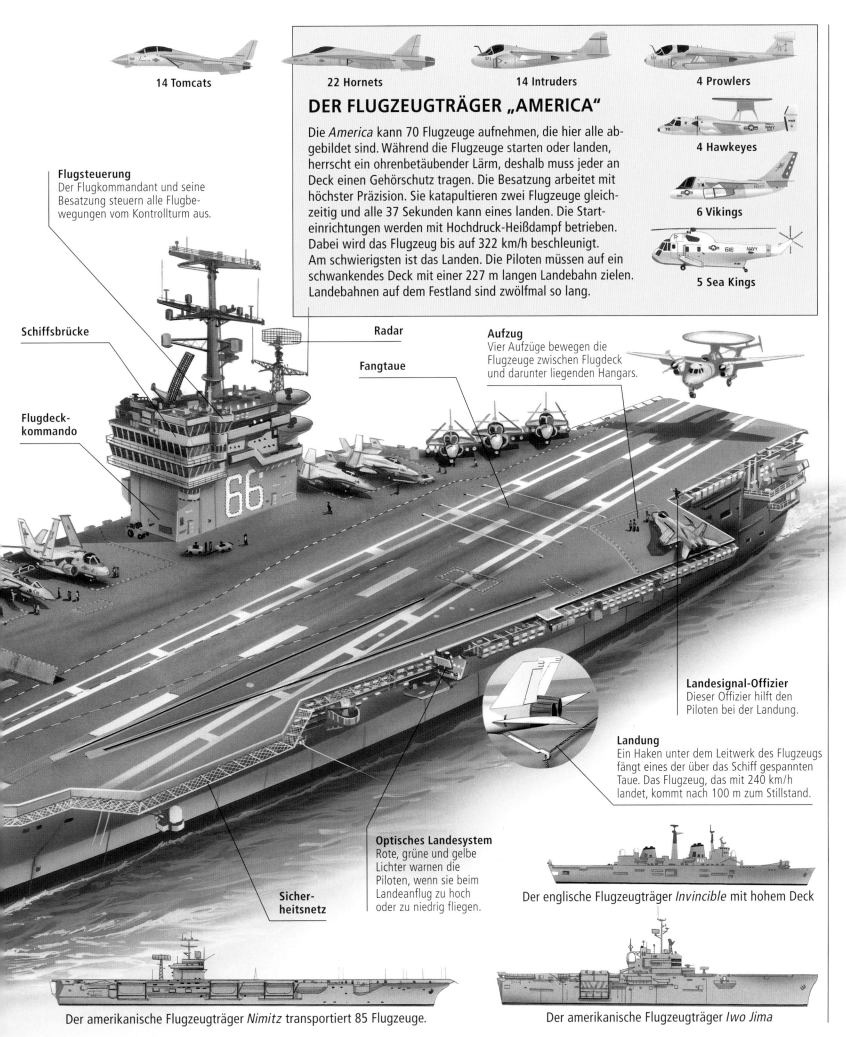

14 Tomcats

22 Hornets

14 Intruders

4 Prowlers

4 Hawkeyes

6 Vikings

5 Sea Kings

DER FLUGZEUGTRÄGER „AMERICA"

Die *America* kann 70 Flugzeuge aufnehmen, die hier alle abgebildet sind. Während die Flugzeuge starten oder landen, herrscht ein ohrenbetäubender Lärm, deshalb muss jeder an Deck einen Gehörschutz tragen. Die Besatzung arbeitet mit höchster Präzision. Sie katapultieren zwei Flugzeuge gleichzeitig und alle 37 Sekunden kann eines landen. Die Starteinrichtungen werden mit Hochdruck-Heißdampf betrieben. Dabei wird das Flugzeug bis auf 322 km/h beschleunigt. Am schwierigsten ist das Landen. Die Piloten müssen auf ein schwankendes Deck mit einer 227 m langen Landebahn zielen. Landebahnen auf dem Festland sind zwölfmal so lang.

Flugsteuerung
Der Flugkommandant und seine Besatzung steuern alle Flugbewegungen vom Kontrollturm aus.

Schiffsbrücke

Flugdeck-kommando

Radar

Fangtaue

Aufzug
Vier Aufzüge bewegen die Flugzeuge zwischen Flugdeck und darunter liegenden Hangars.

Landesignal-Offizier
Dieser Offizier hilft den Piloten bei der Landung.

Landung
Ein Haken unter dem Leitwerk des Flugzeugs fängt eines der über das Schiff gespannten Taue. Das Flugzeug, das mit 240 km/h landet, kommt nach 100 m zum Stillstand.

Sicher-heitsnetz

Optisches Landesystem
Rote, grüne und gelbe Lichter warnen die Piloten, wenn sie beim Landeanflug zu hoch oder zu niedrig fliegen.

Der englische Flugzeugträger *Invincible* mit hohem Deck

Der amerikanische Flugzeugträger *Nimitz* transportiert 85 Flugzeuge.

Der amerikanische Flugzeugträger *Iwo Jima*

Goddard 1926 (USA)
Erster Start einer
Flüssigkeitsrakete.
Sie flog nur
56 m weit.

**V-2 1942
(Deutschland)**
Erste erfolgreiche militärische Rakete.
Sie erreichte 85 km Höhe.

Sputnik I 1957 (UdSSR)
Erster Satellit in der Erdumlaufbahn. Er hatte
einen Sender dabei.

Hubble-Teleskop 1990 (USA)
Start des Weltraumteleskops
Hubble

**Gagarin 1961
(UdSSR)**
Erster Mensch im Weltraum.
Sein Raumschiff hieß *Wostok 1.*

Columbia 1981 (USA)
Start des ersten
wiederverwendbaren
Spaceshuttles ins All

Skylab 1973 (USA)
Ein Weltraumlabor
für mehrwöchige
Aufenthalte im All

Armstrong 1969 (USA)
Neil Armstrong
setzte als erster
Mensch einen
Fuß auf den
Mond.

Viking 1976 (USA)
Die Sonden *Viking* I und *II*
landeten auf dem Mars,
fanden aber kein Leben.

Raumfahrt

Die Chinesen entwickelten im 12. Jahrhundert die ersten
Raketen. Ihre Kenntnisse gelangten schon bald nach Europa,
doch bis ins 20. Jahrhundert hinein wurden Raketen nur
beim Feuerwerk eingesetzt. Im Jahr 1903 schlug der Russe
Konstantin Ziolkowski Flüssigkeitsraketen für Fahrten im
Weltraum vor. Eine erste Rakete dieser Art startete dann 1926 der Amerikaner Robert Goddard. 43 Jahre später wurde das Raumschiff *Apollo 11*
von der größten jemals gebauten Rakete gestartet.
Es transportierte die Astronauten Neil Armstrong,
Edwin Aldrin und Michael Collins mit ihrem
Mondlandegefährt *Eagle* auf den Mond. Millionen
von Menschen auf der Erde hörten damals Arm-
strongs Stimme, der „von einem großen Schritt für
die Menschheit" sprach. Seither sind Astronauten
mehr als ein dutzend Mal auf dem Erdtrabanten
gelandet. 1981 umkreiste der wieder verwendbare
Spaceshuttle *Columbia* 37-mal die Erde.

Arbeit im All
Während einer Spaceshuttle-Mission 1994
reparierte die Astronautin Kathryn Thornton
das Weltraumteleskop Hubble.

Wetterbericht
Dieses wolkenlose Bild von Europa und Nordafrika wurde aus mehreren Fotografien zusammengesetzt. Aufgenommen haben sie Wettersatelliten, welche die Erde im All umkreisen.

DER FLUG DES SPACESHUTTLES

Drei Raketenmotoren und zwei zusätzliche Feststoffraketen (Booster) heben den Spaceshuttle mit dem Schub von 140 Jumbojets in eine Erdumlaufbahn. Dort fliegt er mit 28 175 km/h.

Zwei Minuten nach dem Start und in einer Höhe von 45 km werden die Booster abgesprengt und kehren an Fallschirmen zur Erde zurück.

In 112 km Höhe ist der Außentank leer gebrannt und wird abgetrennt. Während der Shuttle in die Umlaufbahn einschwenkt, fällt der Tank ins Meer. Dieses Teil wird als einziges nicht geborgen.

Wiedereintritt
Für die Rückkehr auf die Erde verlangsamt der Shuttle seinen Flug und tritt wieder in die Erdatmosphäre ein. Er gleitet zu seinem Landeplatz und setzt mit 346 km/h auf.

SCHON GEWUSST?

Jede Feststoffrakete enthält 907 184 kg Aluminiumpulver, das innerhalb von zwei Minuten abbrennt. Dabei entstehen eine ungeheure Hitze und ein hoher Druck. Die Abgase werden nach hinten ausgestoßen und heben den Spaceshuttle in die Luft.

Flugzeuge von morgen

Wie werden die Flugzeuge der Zukunft aussehen? Werden sie 1000 und mehr Passagiere fassen und Platz bieten für Geschäfte und Restaurants? Und wie schnell werden sie wohl fliegen? Das schnellste Passagierflugzeug, die *Concorde*, fliegt Überschallgeschwindigkeit. Um die Mach 2 der *Concorde* zu überbieten, müssten die Flugzeuge in über 18 000 m Höhe fliegen. Doch in diesen Schichten der Atmosphäre würden die Abgase die Ozonschicht stark schädigen oder gar zerstören. Gegen Überschallflugzeuge sprechen auch die hohen Kosten für den Unterhalt. Die Zukunft wird vermutlich eher den Kipprotor-Flugzeugen gehören. Sie sind teils Hubschrauber, teils Flugzeuge. Da sie auf kleinsten Flugplätzen, ja sogar auf Dächern von Gebäuden landen können, eignen sie sich besonders für den Verkehr zwischen Städten.

Neue Überschalljets
Gegen die Entwicklung von neuen Überschallflugzeugen spricht deren hohe Umweltbelastung und der Bedarf extrem langer Landebahnen.

Flug in die Zukunft
Ein Kipprotor-Flugzeug hebt von einem Landeplatz auf dem Dach eines Gebäudes in Hongkong ab. Diese Flugzeuge der Zukunft sollen 200 Passagiere aufnehmen, wie Hubschrauber schweben und mit 550 km/h fliegen. Sie könnten vor allem die überfüllten Flughäfen entlasten.

Riesenjets
Mit doppelstöckigen Flugzeugen könnten mehr Passagiere pro Flug befördert werden, wodurch insgesamt weniger Flüge notwenig wären und die Umwelt weniger belastet würde.

Flugphasen eines Kipprotors
Mit den Rotoren kann das Flugzeug wie ein Hubschrauber starten und landen.

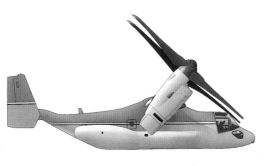

Mit schräg gestellten Kipprotoren bewegt es sich langsam vorwärts.

Die Kipprotoren funktionieren nun wie Propeller und erzeugen einen Vortrieb.

GEMEINSAM ZUM MARS

Die USA und Russland arbeiten zusammen an einem aufregenden Programm, das „Mars Together" heißt. Seit einigen Jahren untersuchen sie den Planeten Mars mit Hilfe von unbemannten Sonden, die von Raketen ins Weltall gebracht, den Roten Planeten umkreisen und auf ihm landen. In einem weiteren Programm wollen beide Nationen die Sonne und den Planeten Pluto erforschen.

Von allen Seiten

Man kann sich von einem Flugzeug nicht immer eine richtige Vorstellung machen, wenn man es auf dem Boden oder fliegen sieht. Diese Doppelseite zeigt Drei-Seiten-Silhouetten von zwölf der Flugzeuge, die als Hauptbilder in diesem Buch

vorkommen. Den Drei-Seiten-Silhouetten kann man die wichtigsten Merkmale des Flugzeugs entnehmen: Form, Zahl, Typ und Lage der Motoren sowie die Flügelspannweite.

1903 Wright Flyer
Doppeldecker, 1 Kolbenmotor
Höchstgeschwindigkeit: um 48 km/h
Spannweite: 12,3 m

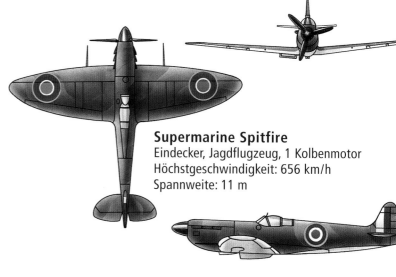

Supermarine Spitfire
Eindecker, Jagdflugzeug, 1 Kolbenmotor
Höchstgeschwindigkeit: 656 km/h
Spannweite: 11 m

Boeing 314 Clipper
Flugboot, Eindecker, 4 Kolbenmotoren
Höchstgeschwindigkeit: 309 km/h
Spannweite: 43 m

Graf Zeppelin
Ein Luftschiff, 5 Kolbenmotoren
Höchstgeschwindigkeit: 128 km/h
Länge: 236 m

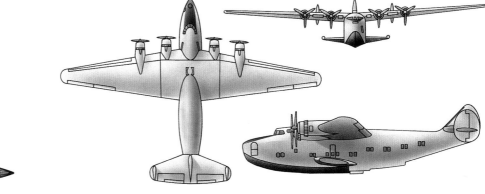

Supermarine S.5
Wasserflugzeug, Eindecker, 1 Kolbenmotor
Höchstgeschwindigkeit: 451 km/h
Spannweite: 8,4 m

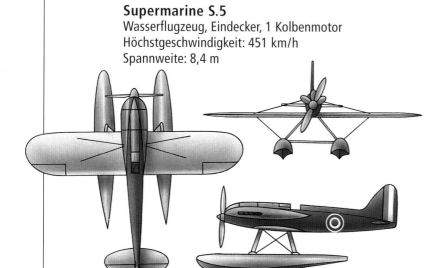

Bell X-1
Experimentalflugzeug, Eindecker, 1 Raketenmotor
Höchstgeschwindigkeit: 1531 km/h = Mach 1,45
Spannweite: 8,5 m

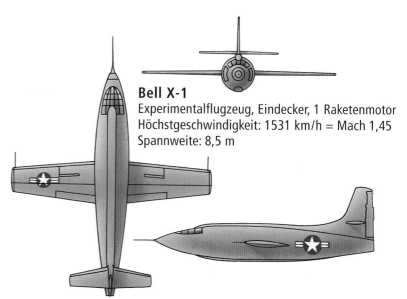

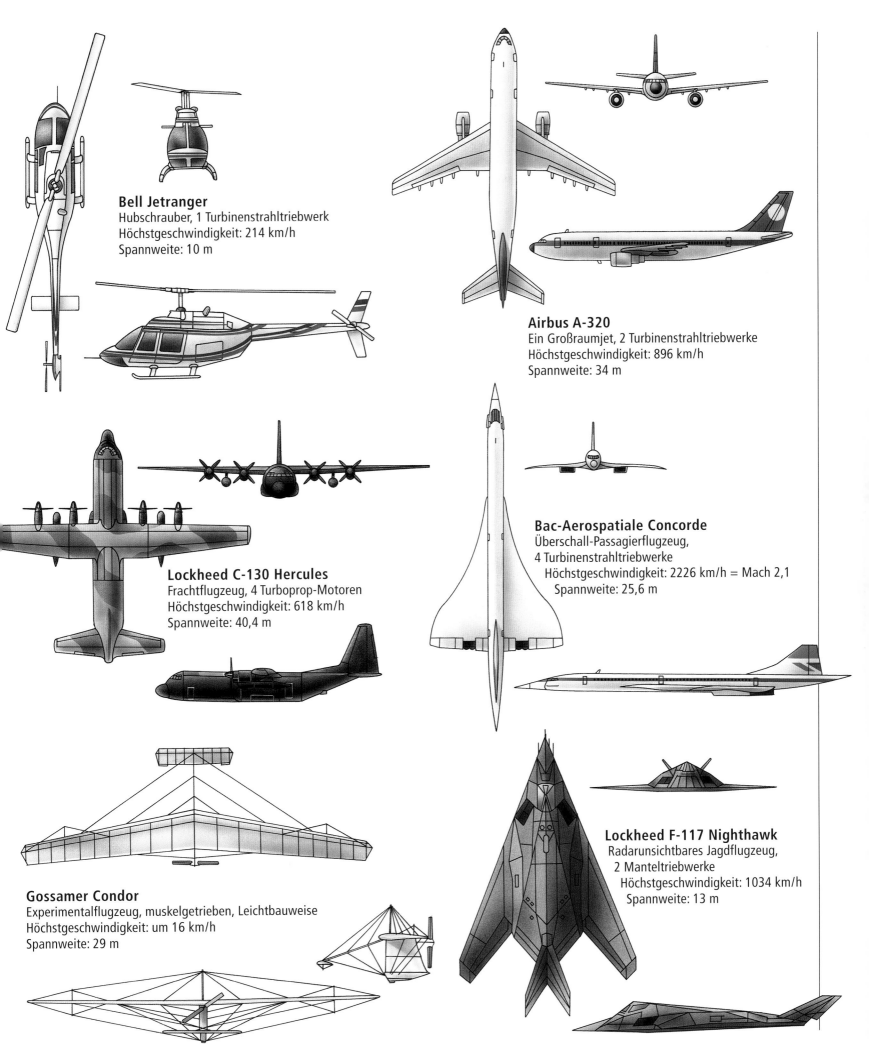

Bell Jetranger
Hubschrauber, 1 Turbinenstrahltriebwerk
Höchstgeschwindigkeit: 214 km/h
Spannweite: 10 m

Airbus A-320
Ein Großraumjet, 2 Turbinenstrahltriebwerke
Höchstgeschwindigkeit: 896 km/h
Spannweite: 34 m

Lockheed C-130 Hercules
Frachtflugzeug, 4 Turboprop-Motoren
Höchstgeschwindigkeit: 618 km/h
Spannweite: 40,4 m

Bac-Aerospatiale Concorde
Überschall-Passagierflugzeug,
4 Turbinenstrahltriebwerke
Höchstgeschwindigkeit: 2226 km/h = Mach 2,1
Spannweite: 25,6 m

Gossamer Condor
Experimentalflugzeug, muskelgetrieben, Leichtbauweise
Höchstgeschwindigkeit: um 16 km/h
Spannweite: 29 m

Lockheed F-117 Nighthawk
Radarunsichtbares Jagdflugzeug,
2 Manteltriebwerke
Höchstgeschwindigkeit: 1034 km/h
Spannweite: 13 m

Fachbegriffe

Göttervogel Garuda

Aerodynamik Die Wissenschaft der Aerodynamik untersucht, wie sich strömende Luft verhält. Sie sucht die strömungsgünstigste Form. Über die Oberflächen solcher Körper strömt die Luft, ohne dass Verwirbelungen oder Turbulenzen auftreten.

Auftrieb Die nach oben gerichtete Kraft, die an einem angeströmten Tragflügel entsteht. Der Auftrieb ist dem Gewicht entgegengesetzt.

Autogiro Ein Flugzeug, das den Auftrieb von einem Rotor erfährt, der nur vom Fahrtwind angetrieben wird. Autogiroflugzeuge gibt es nicht mehr.

Dampfflugzeug

Autopilot Ein System, das Fluglage und Flugrichtung eines Flugzeugs selbsttätig steuert. Die wichtigsten Flugdaten muss der Pilot vorher eingeben.

Ballon Ballons fliegen, weil sie leichter sind als die sie umgebende Luft. Sie lassen sich nur in der Senkrechten steuern, die Flugrichtung hängt vom Wind ab.

Cockpit Die Kabine für die oder den Piloten und die Flugingenieure, auch Flugdeck genannt.

Drachenfliegen Heute weit verbreiteter Sport mit dem Hängegleiter. Dieses deltaförmige Fluggerät besteht aus einem Rohrgestänge und ist mit Kunststoffgewebe überzogen.

Schmetterling

Druckkabine Die heutigen Flughöhen in über 10 km wirken sich wegen des geringen Luftdrucks tödlich für den Menschen aus. Deswegen muss in der Passagierkabine und auch im Frachtraum ein viel höherer Luftdruck herrschen. Er entspricht dem Luftdruck in 2300 m Höhe.

Düsenantrieb Allgemeine Bezeichnung für den Antrieb mit Hilfe von Strahltriebwerken.

Wilbur und Orville Wright

Spaceshuttle

Fahrwerk Das Fahrwerk trägt das Flugzeug beim Starten und Landen. Bei größeren Flugzeugen lässt es sich nach dem Start einziehen. Der Luftwiderstand geht dadurch merklich zurück.

Flächenregel Eine Regel für die Konstruktion von Überschallflugzeugen. Die Flächenregel führt zum Beispiel dazu, dass sich der Rumpf im Flügelbereich wespenartig einschnürt.

Flosse Unbewegliche Teile des Leitwerks. Flossen führen zu erhöhter Stabilität. Wir unterscheiden die waagerechte Höhenflosse und die senkrechte Seitenflosse. An diesen beiden Flossen sind Ruder befestigt.

Flugschreiber Verkehrsflugzeuge führen ein Tonbandgerät und einen Flugdatenschreiber mit. Er zeichnet alle wichtigen Gespräche und Daten auf, sodass bei einem Unfall eine Rekonstruktion der letzten 30 Minuten möglich ist.

Gieren Die Bewegung des Flugzeugs um die Hochachse; es dreht sich dabei von links nach rechts und umgekehrt. Gierbewegungen werden vom Seitenruder gesteuert.

Gleitzahl Die Gleitzahl für Flugzeuge gibt das Verhältnis von zurückgelegter Strecke und Höhenverlust an. Ein Flugzeug mit der Gleitzahl 8 verliert auf einer 8 m langen Strecke einen Meter an Höhe.

Hängegleiter Sportgerät des Drachenfliegers, oft auch nur Drachen genannt.

Höhenruder Mit dem Höhenruder führt der Pilot Auf- und Abbewegungen des Bugs und des Hecks durch. Diese Bewegung nennt man Nicken.

Jet-Ströme Heftige, eiskalte, bandförmige Höhenströmungen in der Luft, auch Strahlströme genannt. Die Piloten nutzen sie, um energiesparender und schneller zu fliegen, denn diese Ströme erreichen Geschwindigkeiten von bis zu 400 km/h.

Klappen Jedes größere Flugzeug hat vorn und hinten am Flügel ausfahrbare Klappen. Sie dienen als Auftriebshilfen. Beim Landen und Starten werden die Klappen ausgefahren. Dadurch verdoppelt sich der Auftrieb und die Flugzeuge können entsprechend langsamer fliegen.

Leitwerk Das Leitwerk gewährleistet die Stabilität und Steuerbarkeit des Flugzeugs. Man unterscheidet das Höhen- und das Seitenleitwerk, die beide am Schwanz des Flugzeugs liegen. Zur Steuerung und Stabilität sind auch die Querruder am Hinterende der Tragflächen notwendig.

Luftschiff Luftschiffe sind wie Ballons leichter als die sie umgebende Luft. Sie lassen sich aber mit Hilfe motorgetriebener Propeller steuern.

Machzahl Die Machzahl gibt die Geschwindigkeit eines Flugzeugs im Verhältnis zur Schallgeschwindigkeit an. Mach 1,0 ist Schallgeschwindigkeit. Ein Flugzeug mit Mach 0,75 fliegt mit 75 % der Schallgeschwindigkeit. Mach < 1 bedeutet Unter-, Mach > 1 Überschallgeschwindigkeit.

Navigation Bezeichnung für alle Verfahren, mit denen sich der Pilot am Himmel zurechtfindet und zu seinem Ziel gelangt. Als Hilfen hat er Flugkarten, Funkfeuer, Radar und Satellitennavigation.

Nicken Bewegungen des Flugzeugs um die Querachse. Bug und Heck bewegen sich dabei wechselweise auf und ab. Nickbewegungen werden mit dem Höhenruder gesteuert.

Paraglider Englische Bezeichnung für den Gleitfallschirm, mit dem man ähnlich wie mit dem Segelflugzeug fliegt. Man kann mit der Thermik aufsteigen und größere Strecken zurücklegen.

Propeller Luftschraube. Der Propeller hat denselben Querschnitt wie eine Tragfläche. Bei schneller Drehung erzeugt der Propeller somit eine nach vorn gerichtete Kraft.

Querruder Mit dem Querruder führt der Pilot seitlich kippende Bewegungen des Flugzeugs durch. Wir sprechen dabei von Rollbewegungen. Mit dem Quer- und Seitenruder fliegt der Pilot eine Kurve.

Radar Ein Verfahren zur Ortung ferner Flugzeuge und Schiffe. Dabei werden Radiowellen ausgesandt und die Echos empfangen. Das Radar spielt bei der Flugsicherung eine wichtige Rolle.

Rollen Bewegungen des Flugzeugs um die Längsachse. Das Flugzeug kippt dabei seitlich. Rollbewegungen werden mit den Querrudern gesteuert.

Rotor Ganz allgemein ein drehbares Teil. Man verwendet das Wort vor allem im Zusammenhang mit dem Hubschrauber, der meist zwei Rotoren aufweist, einen großen Hauptrotor und einen kleinen Heckrotor.

Ruder Bewegliche Flächen am Flugzeug, mit denen die Richtung des Fluges verändert wird. Wir unterscheiden dabei Seiten-, Höhen- und Querruder. Die Seiten- und Höhenruder sitzen an den entsprechenden Flossen, die Querruder an den Tragflächen.

Schallgrenze Die Schallgrenze ist erreicht, wenn ein Flugzeug so schnell fliegt wie der Schall. In großer Höhe beträgt die Schallgeschwindigkeit rund 1065 km/h, auf Meereshöhe etwa 1225 km/h. Bei Überschreiten der Schallgrenze ist ein Überschallknall zu hören.

Grob 115

Schleudersitz Ein raketengetriebener Sitz, der den Piloten aus dem Flugzeug katapultiert. Dazu wird das Dach des Flugzeugs abgesprengt. Mit dem Schleudersitz retten sich Piloten kurz vor dem Absturz.

Schub Eine nach vorne gerichtete Kraft, die den Vortrieb eines Flugzeugs erzeugt. Durch diese Bewegung nach vorne ergibt sich an den Tragflächen schließlich auch der Auftrieb.

Macchi M.52

Seitenruder Mit dem Seitenruder führt der Pilot Bewegungen um die Hochachse durch. Man nennt das Gieren. Mit Seiten- und Querruder fliegt der Pilot eine Kurve.

Strahltriebwerk Strahltriebwerke sind einfache Maschinen zum Antrieb schneller Flugzeuge. Ein Verdichter vorne am Triebwerk komprimiert Luft. In der Mitte des Triebwerks wird Benzin verbrannt. Die Luft erhitzt sich dadurch sehr stark und dehnt sich aus. Die heißen Abgase treten mit großer Geschwindigkeit nach hinten aus und erzeugen dabei einen Schub nach vorne.

DC-3 Dakota

Stromlinienform Alle Körper, die schnell und möglichst ohne Widerstand durch eine Flüssigkeit oder ein Gas bewegt werden müssen, haben eine Stromlinienform. Im Idealfall ist der Körper tropfenförmig.

Thermik Allgemeine Bezeichnung für aufsteigende warme Winde. Mit Hilfe der Thermik gelingt es Segelfliegern, Drachenfliegern und Paraglidern an Höhe zu gewinnen.

Flugechse

Turboprop Strahltriebwerk, das vorne zusätzlich einen Propeller antreibt.

Ultraleichtflugzeug Motorisierter Hängegleiter. Ultraleichtflugzeuge sind nicht schwerer als 100 kg. Wegen des Lärms dürfen sie nur auf wenigen Plätzen starten und landen.

Schwimmerflugzeug

Register

Bildnachweis

(l=links, M=Mitte, o=oben, r=rechts, u=unten, B=Bildsymbol, H=Hintergrund, R=Rückseite, U=Umschlag, V=Vorderseite)
Air Portraits, 48or. **AKG Berlin**, 6Ml, 18ul. **Auckland Museum**, 16ur. **Auscape**, 8or (Hans & Judy Beste), 10ul, 11or, 63ur (J. P. Ferrero). **Austral International**, 20ol, 21o, 42M, 62ol (L'Illustration/Sygma), 24or (Rex Feature Ltd), 52ul (R. Richards/Liaison/Gamma), 48ul (P. Schofield/Shooting Star). **Australian Geographic**, 19ul (Courtesy P. Schmith). **Australian Picture Library**, 56o, 42u (ACME/Bettmann), 22ur, 62ul (Bettmann), 17or (B. Desestres/Agence Vandystadt), 33ul (G. Hall), 29ur, 30ul (UPI/Bettmann). **Boeing**, 35ol, 58or, 58ul. **Check Six**, 31ur, 33ur (M. Fizer), 34or, 50M, 54or (G. Hall), 43or (R. Neville), 48Mr (J. Towers). **CSIRO**, *Division of Plant Industry*, 12ur. **Budd Davisson**, 28ol. **Chris Elfes**, 16/17M. **FAA Oceanic Programme**, 46Mr. **Enrico Ferorelli**, 15ul. **Werner Forman Archive**, 14ol, 62ol (Denpasar Museum). **The Granger Collection**, 14ul, 15or, 15ur, 25Mr, 26ol. **Terry Gwynn-Jones**, 7ol, 23ol, 25ur, 26or, 40or, 44ol, 44M, 49ol (Royal Flying Doctor Service). **The Image Bank**, 36M (T. Bieber), 36or

(S. Proehl). **Image Select**, 21Mr (Ann Ronan Picture Library). **Imax Corporation**, 13ur. **International Photo Library**, 52l. **Lockheed**, 50ur. **NASA**, 56ol, 56Ml, 56ur, 59Mr. **NHPA**, 8l (G. I. Bernard), 12ol, 13or, 62Ml (S. Dalton). **North Wind Picture Archives**, 15Mr. **Oxford Scientific Films**, 10ol (S. Osolinski). **The Photo Library, Sydney**, 8Ml (J. Burgess/SPL), 56or (J. Fitzgerald), 57ol (GEOSPACE/SPL), 63Mr (D. N. Green), 27Mr, 56or (Hulton-Deutsch), 35or (J. King-Holmes/SPL), 46ol (P. Poulides/TSI), 56or, 56M, 56ol, 56/57M (SPL/NASA). **Quadrant**, 44Mr, 46Ml, 46ur, 28ul, 29or, 42o, 44Ml (Flight). **Robert Harding Picture Library**, 56Mr. **Royal Aeronautical Society**, 19M, 43Mr. **Phil Schofield**, 41ur. **Science & Society Picture Library**, 17ul, 21ur, 31or, 42ol (The Science Museum). **SEXTANT Avionique**, 53Mr. **Smithsonian Institution**, 23r (Photo no.A42363C), 23ur (Photo no.A4943), 25Ml (Photo no.75-12199) 25or (Photo no.89-923), 26Ml (Photo no.79-763), 29Mr (Photo no.93-5512), 30M (Photo no.77-11329), 40ul (Photo no.72-7669). **Topham Picture Source**, 27or. **TRH Pictures**, 38or (US Navy), 56ol (NASA). **Visions**, 27ol (M. Greenberg).

Grafik

Christer Eriksson, 18–19M, 48–49. Alan Ewart, VUul, 34–35. Greg Gillespie, 14–15. Mike Gorman, 11r. Terry Hadler, 2–3u, 5ur, 54–55. Langdon G. Halls, VUor, RUur, 7ur, 23u, 23or, 30–31, 32–33, 50–51, 52–53su, 53or, 63or. David Kirshner, VUol, 4ol, 4–5o und u, 6–7M, 6ol, 7Mr, 8–9, 10–11, 11u, 13M. Mike Lamble, 39r, 27ur, 59o. Alex Lavroff, 5o, 52–53. Kent Leech, 38–39, 39o. Ulrich Lehmann, 43–46. Oliver Rennert, 36–37. John Richards, 5r, 20–21, 24–25, 28–29, 63or. Trevor Ruth, 1, 4ul, 22–23, 12–13, 58–59. Steve Seymour, 2ol, 42–43, 40–41. Ray Sim, 26–27u. Steve Trevaskis, icons, 6ur, 7ul, 16–17, 19ur. Ross Watton/Garden Studio, 57or, 57Mr, 62ul. Rod Westblade, 35M, 56o, 60–61, endpapers.

Umschlag

Air Portraits, RUol. **Australian Picture Library**, H (ZEFA). **Alan Ewart**, VUul. **Langdon G. Halls**, VUor, RUur. **David Kirshner**, VUol, VUM. **NHPA**, VUMl (G. I. Bernard). **John Richards**, VUMr. **Steve Seymour**, VUur.